JN190329

最新版

年齢別
行事ことばかけハンドブック

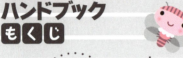

最新版
年齢別
行事ことばかけ
ハンドブック
もくじ

- 行事・記念日一覧 …… 4
- 本書の使い方 …… 10
- さくいん …… 158

6月

衣替え …… 40
歯と口の健康週間 …… 42
時の記念日 …… 44
父の日 …… 46
夏至 …… 48
プール開き …… 49
保護者参観日 …… 50

4月

入園式 …… 12
始業式 …… 14
エイプリルフール …… 16
全国交通安全運動 …… 17
花祭り …… 18
昭和の日 …… 19
避難訓練 …… 20
誕生会 …… 22

7月

七夕 …… 52
海の日 …… 55

8月

お泊まり会 …… 58
夏祭り …… 59
原爆の日 …… 60
山の日 …… 61
お盆 …… 62
終戦記念日 …… 64

5月

憲法記念日 …… 26
みどりの日 …… 27
こどもの日 …… 28
愛鳥週間 …… 32
健康診断 …… 34
母の日 …… 36
遠足 …… 38

9月

防災の日 …… 66
動物愛護週間 …… 68
敬老の日 …… 70
十五夜 …… 72
秋分の日 …… 74

お正月 …… 112
七草 …… 116
鏡開き …… 118
成人の日 …… 120

赤い羽根共同募金運動 …… 76
衣替え …… 78
スポーツの日 …… 79
運動会 …… 80
目の愛護デー …… 82
リサイクルの日 …… 83
読書週間 …… 84
ハロウィン …… 85
いも掘り …… 86

節分 …… 122
建国記念の日 …… 124
バレンタインデー …… 125
生活発表会 …… 126
天皇誕生日 …… 128

11月

文化の日 …… 90
立冬 …… 91
作品展 …… 92
七五三 …… 94
秋の全国火災予防運動 …… 97
勤労感謝の日 …… 98

3月

耳の日 …… 130
ひな祭り …… 132
春分の日 …… 135
お別れ会 …… 136
イースター …… 138
卒園式 …… 139
終業式 …… 140

12月

人権週間 …… 100
ノーベル賞授賞式 …… 102
冬至 …… 103
おもちつき …… 104
クリスマス …… 106
大みそか …… 110

● 保護者へのスピーチ

入園式 142　始業式 143　避難訓練 144
誕生会 145　保護者会・新学期 146
母の日 147　父の日 148
保護者参観日 149　お泊まり会 150
敬老の日 151　運動会 152　作品展 153
生活発表会 154　保護者会・学年末 155
卒園式 156　終業式 157

行事・記念日一覧

一年間の行事と、いろいろな記念日を紹介します。
「今日は○○の日よ」と、子どもたちに紹介してみましょう。

4月 ● April

4月1日
エイプリルフール →P16

4月2日
国際子どもの本の日
アンデルセンの誕生日にちなんで制定。

4月4日
ヨーヨーの日
ヨー(4)ヨー(4)の語呂合わせ。スポーツとしての競技ヨーヨーの普及活動を行う日。

4月6日～15日
全国交通安全運動 →P17

4月8日
花祭り →P18

4月12日
世界宇宙飛行の日
1961年（昭和36年）のこの日、ソヴィエト連邦（当時）のガガーリン少佐が人類で初めて宇宙飛行に成功したことを記念して。

4月15日
ヘリコプターの日
ヘリコプターの原理を考え出したレオナルド・ダ・ヴィンチの誕生日であることから。

4月18日
発明の日
1885年（明治18年）のこの日、「専売特許条例（現在の特許法）」が公布されたことを記念して、1954年（昭和29年）に制定。

4月29日
昭和の日 →P19

5月 ● May

5月2日
えんぴつ記念日
1887年（明治20年）のこの日、日本で初めてえんぴつの製造が始まったことを記念して。

5月3日
憲法記念日 →P26

5月4日
みどりの日 →P27

5月5日
こどもの日 →P28～31

5月5日
おもちゃの日
おもちゃのことをよく知ってもらう日。

5月9日
アイスクリームの日
1964年（昭和39年）、日本でアイスクリームの祭典を開催した日。

5月10日～16日
愛鳥週間 →P32～33

5月第2日曜日
母の日 →P36～37

5月30日
ごみゼロの日
ご(5)み(3)ゼロ(0)の語呂合わせ。ゴミの減量を呼びかける日。

※赤い色　　　　は、本書で取り上げている行事です。行事・記念日一覧では園行事は取り上げていません。
記念日制定の理由については諸説あるものもあります。

6月 ● June

6月1日
衣替え　　　　　　　→P40〜41

6月4日〜10日
歯と口の健康週間　→P42〜43

6月4日
虫の日

ム(6)シ(4)の語呂合わせ。

6月6日
おけいこの日、楽器の日

昔から、芸事は6歳の6月6日から始めると上達するといわれていることから。

6月10日
時の記念日　　　　　→P44〜45

6月11日
傘の日

「梅雨」が始まるとされている日（入梅）がこのころであることから制定された。

6月第3日曜日
父の日　　　　　　　→P46〜47

6月21日ごろ
夏至　　　　　　　　→P48

6月24日
ドレミの日

1024年、イタリアの僧侶ギドー・ダレッツオがドレミの音階を作った日。

7月 ● July

7月1日
童謡の日

1918年（大正7年）のこの日、童話・童謡を掲載する児童文芸雑誌「赤い鳥」が創刊された。

7月7日
七夕　　　　　　　　→P52〜54

7月9日
ジェットコースターの日

1955年（昭和30年）のこの日、日本で初めての本格的なジェットコースターがある後楽園ゆうえんちが開園したことから。

7月10日
納豆の日

なっ(7)とう(10)の語呂合わせ。

7月第3月曜日
海の日　　　　　　　→P55

7月26日
幽霊の日

1825年（文政8年）のこの日、「東海道四谷怪談」が初演されたことから。

7月27日
スイカの日

すいかの模様が綱に似ていることから、つ(2)な(7)の語呂合わせ。

8月 ● August

8月1日
水の日
一年でいちばん水を使う月なので、水を大切に使うことを考える日。

8月6日（広島）・9日（長崎）
原爆の日 →P60

8月7日
鼻の日、花の日、バナナの日
は(8)な(7)、ば(8)なな(7)の語呂合わせから。

8月10日
健康ハートの日
ハー(8)ト(10)の語呂合わせ。夏の間に心と体をチェックして、心臓病の多発する冬に備える。

8月11日
山の日 →P61

8月13日～16日ごろ
お盆 →P62～63

8月15日
終戦記念日 →P64

8月31日
野菜の日
や(8)さ(3)い(1)の語呂合わせ。栄養たっぷりな野菜を再認識してもらう日。

9月 ● September

9月1日
防災の日 →P66～67

9月9日
救急の日
きゅう(9)きゅう(9)の語呂合わせ。救急医療について理解を深め、救急医療関係者の意識を高める日。

9月12日
宇宙の日
1992年（平成4年）のこの日、宇宙飛行士の毛利衛さんが日本人で初めてアメリカのスペースシャトルで宇宙飛行したことを記念して。

9月20日
空の日
1910年（明治43年）のこの日、日本で初めて飛行船が東京上空を飛んだことを記念して。

9月20日
バスの日
1903年（明治36年）のこの日、日本で初めてバスが京都市内を走ったことを記念して。

9月20日～26日
動物愛護週間 →P68～69

9月第3月曜日
敬老の日 →P70～71

9月下旬～10月上旬ごろ
十五夜 →P72～73

9月23日ごろ
秋分の日 →P74

※赤い色　　　　は、本書で取り上げている行事です。行事・記念日一覧では園行事は取り上げていません。
記念日制定の理由については諸説あるものもあります。

10月 October

10月1日～翌年3月31日
赤い羽根共同募金運動→P76～77

10月1日
衣替え　　　　　　　　→P78

10月第2月曜日
スポーツの日　　　　　→P79

10月10日
目の愛護デー　　　　　→P82

10月14日
鉄道の日
1872年（明治5年）のこの日、日本で初めて、新橋～横浜間に鉄道が開通したことを記念して。

10月15日
たすけあいの日
困っている人を助けることを考える日。

10月20日
リサイクルの日　　　　→P83
ひとまわり(10)ふたまわり(20)の語呂合わせ。リサイクルについて考える日。

10月21日
あかりの日
1879年（明治12年）、エジソンが白熱電球を発明したことを記念して。

10月27日～11月9日
読書週間　　　　　　　→P84

10月31日
ハロウィン　　　　　　→P85

11月 November

11月1日
すしの日
お米の収穫の季節で、すしネタになる海や山の食べ物がおいしい時期であることから。

11月1日
犬の日
犬の鳴き声、「ワン(1)ワン(1)ワン(1)」の語呂合わせ。

11月3日
文化の日　　　　　　　→P90

11月8日ごろ
立冬　　　　　　　　　→P91

11月9日～15日
秋の全国火災予防運動　→P97

11月11日
おりがみの日
古来からの日本文化としておりがみを世界の国々に広げようという日。「1」が4つで正方形を作ることから。

11月15日
七五三　　　　　　　　→P94～96

11月16日
幼稚園記念日
1876年（明治9年）のこの日、日本で初めて幼稚園が開園したことから。

11月20日
世界子どもの日
1989年（平成元年）、国連で子どもの権利条約が採択されたことを記念して。

11月23日
勤労感謝の日　　　　　→P98

12月 ● December

12月1日
映画の日
1896年（明治29年）、神戸で初めて映画が公開されたことを記念して。

12月3日
カレンダーの日
1872年（明治5年）のこの日に、旧暦から「太陽暦」に切り替えられたことを記念して。

12月4日〜10日
人権週間 →P100〜101

12月6日
音の日
1877年（明治10年）のこの日、エジソンが自身の発明による蓄音器での録音・再生に成功したことから。

12月10日
ノーベル賞授賞式 →P102

12月12日
漢字の日
「いい(1)字(2)」を「一(1)字(2)」は覚えてほしいという願いを込めて。

12月22日ごろ
冬至 →P103

12月25日
クリスマス →P106〜109

12月31日
大みそか →P110

1月 ● January

1月1日
お正月 →P112〜115

1月2日
初夢
一年の最初に見る夢。昔の人は、その年がいい年になるかどうかを初夢で占った。

1月7日
七草 →P116〜117

1月9日
クイズの日、とんちの日
「いっ(1)きゅう(9)」の語呂合わせ。とんちで有名な一休さんにちなんで。

1月10日
110番の日
110番の大切さを考え、正しく使いましょうと呼びかける日。

1月11日
鏡開き →P118〜119

1月第2月曜日
成人の日 →P120

1月20日ごろ
大寒
二十四節気の一つで、一年でもっとも寒くなるころ。

※赤い色 は、本書で取り上げている行事です。行事・記念日一覧では園行事は取り上げていません。
記念日制定の理由については諸説あるものもあります。

2月 ● February

2月1日
テレビ放送記念日

1953年(昭和28年)のこの日、日本放送協会(NHK)が日本初のテレビ放送を開始した。

2月3日ごろ
節分　　　　　　　→P122〜123

2月9日
漫画の日

日本を代表する漫画家、手塚治虫の命日にあたるため。

2月11日
建国記念の日　　　→P124

2月14日
バレンタインデー　→P125

2月22日
猫の日

猫の鳴き声「ニャン(2)ニャン(2)ニャン(2)」の語呂合わせ。

2月23日
天皇誕生日　　　　→P128

2月28日
ビスケットの日

ビスケットの語源が「二(2)度焼(8)かれたもの」という意味のラテン語であることから。

2月29日
うるう年

太陽暦で一年が366日ある年。

3月 ● March

3月3日
耳の日　　　　　　→P130〜131

3月3日
ひな祭り　　　　　→P132〜134

3月9日
サンキューの日

「サン(3)キュー(9)」の語呂合わせ。「ありがとう」と感謝を伝え合う日。

3月13日
サンドイッチの日

313と並ぶと、二つの「3」で「1」をはさんでいることから。

3月14日
ホワイトデー

バレンタインデーにチョコレートをもらった人が、お返しをする日。

3月21日ごろ
春分の日　　　　　→P135

3月21日
ランドセルの日

3+2+1が小学校の修業年数になることから。

3月下旬〜4月下旬ごろ
イースター　　　　→P138

3月27日
さくらの日

咲く「(3×9)＝27」の語呂合わせ。桜を通して、日本の文化や自然に関心を深める日。

本書の使い方

行事ごとに、子どもに向けた言葉かけを紹介しています。それぞれの行事の成り立ち、保育の配慮なども取り上げました。保育に合わせて参考にしてください。

3・4歳児と5歳児向けの言葉かけ
行事の意味や目的を伝えるときの、子どもたちへの話し方を紹介しています。3・4歳児向けと、5歳児向けの言葉かけをそれぞれ紹介しています。年齢や子どもの理解度、クラスによって使い分けてください。

ねらい
行事を通して、子どもたちに知ってほしいことや、伝えたいこと、保育の目的などをわかりやすく紹介しています。

ひとことで言うなら
子どもたちに話をするとき、簡単に、わかりやすく、ひとことで説明できる言葉を紹介しています。

Q&A
その行事に関して、子どもたちによく聞かれる質問と、子どもたちが理解しやすい答え方の例を紹介します。

まめ知識
知っていると役に立つ情報です。子どもたちにも教えられるような内容です。

保育の配慮
行事を行うとき、行事を取り上げるときに、保育者が気をつけたいことやポイントをまとめています。

成り立ちを知ろう
行事の歴史、由来、いわれなどを理解するためのコラムです。意外に知らなかった行事の背景が見えてきます。

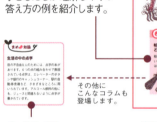

行事の風習
行事に関連がある飾り物、国や地方の行事を、写真やイラストつきでわかりやすく紹介。飾り物の名称なども、細かく示しています。

インデックス
4月〜3月の順に、紹介しています。

行事の食べ物
その行事で食べられている伝統的な食べ物を紹介しています。

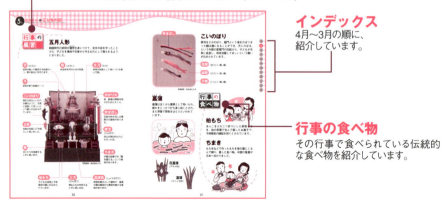

4月

April
卯月（うづき）

- 入園式
- 始業式
- エイプリルフール
- 全国交通安全運動
- 花祭り
- 昭和の日
- 避難訓練
- 誕生会

4月

入園式

ねらい 園に入ることに喜びや期待をもつ。先生や友だちの存在を知り、これから始まる園生活の楽しい雰囲気を感じる。

みんなで楽しく遊びましょう

みなさん、ご入園おめでとうございます。先生はみんなと一緒に遊ぶのをとても楽しみにしています。みんなは何をして遊ぶのが好き？ 園には砂場やブランコもあるし、広いお庭で鬼ごっこやボール遊びもできます。それにお部屋にもおままごとやブロックなど遊ぶものがたくさんあります。これからみんなで一緒にいろいろなことをして楽しく過ごしましょうね。

園では先生がみんなの お父さん、お母さんです

先生の手を見てください。みんなよりとても大きいし、そして力持ちです。みんなのことを抱っこしたり、おんぶしたりしてあげますからね。園では先生がみんなのお父さんやお母さんです。わからないことや困ったことがあったら、先生に言ってください。この大きな手で、いつでも助けてあげますよ。

保育の配慮

保護者も子どもも、期待に胸をふくらませている入園の日。しかし、子どもは慣れない状況にどうしてよいかわからずに不安になり、緊張もします。そこで、式の時間をなるべく短縮し、子どもが楽しめる雰囲気づくりを心がけることが大切です。歌や手遊び、お話や先生の劇などを入れ、子どもがわかりやすい式にし、「明日も園に来たい」という気持ちがもてるようにしましょう。

| ひとことで言うなら | 新しい友だちが園に入ってくることをお祝いする日。 |

お兄さん、お姉さんに なったね

今日の入園式で、新しいお友だちが、園の仲間になりました。そして、みんなは一つ大きくなりましたね。背が伸びて、体も大きくなって、みんな、お兄さん、お姉さんに見えますよ。もし小さい組のお友だちが泣いていたり、困っていたりしたら、やさしく助けてあげてくださいね。

違う色のバッジのお友だちとも仲よくしよう

今日から○○園に新しいお友だちが増えました。このお友だちのバッジの色は何色？　そう、オレンジ色と赤色。小さい組のお友だちですね。みんなのバッジの色は何色？　そう、緑色と紫色。大きな組の色になりましたね。違う色のバッジのお友だちとも仲よく遊びましょうね。

（在園児に対し）どうやってやさしくするの？

新しいお友だちは、園の中ではわからないことばかりなの。だから、クラスやトイレ、くつ箱やおもちゃの場所まで、一緒に連れていって教えてあげてね。そして、もし泣いている子や困っている子を見つけたら、そっと声をかけて手をつないで、先生のところまで連れていってあげようね。

あっちがトイレだよ！

4月 始業式

> **ねらい** 友だちと一緒に大きくなったことを喜ぶ。新しいクラスの友だちや先生と一緒に、これから園生活を送ることに期待をもつ。

3歳児 / 4歳児

組のバッジをおぼえましょう

新しいバッジをつけていますね。みんなは何組になったの？ そう、ゆり組になったのね。ゆりってどんな花か知ってるかな？ 大きくてとってもいい匂いがするんですよ。夏に咲く花なので、夏が来たらみんなでさがしてみたいですね。これから一年間、一緒にたくさん遊んで、たくさん笑って楽しく過ごしましょうね。

大きくなりましたね

みんな、ずいぶん体が大きくなりましたね。きっと今までたくさんご飯を食べたり、遊んだりしていたからでしょう。今日は、大きくなったみんなが一つ上のクラスになったことをお祝いする日です。大きくなったね、おめでとう！ これからももっとたくさんご飯を食べたり、いっぱい遊んだりして大きくなれるかしら？ 楽しみですね。

Q&A

（担任が替わって）前の先生は、もうぼく（私）の先生じゃないの？

前の担任の先生から、お手紙をいただきましたよ。「○組になったみなさん、進級おめでとう。新しく担任になった○組の△△先生と私は、とっても仲よしです。だから、きっとみなさんとも仲よくなってくれることでしょう。ときどきみなさんのことを聞こうと思っています」ですって！ ちゃんと見守ってくれているからうれしいですね。

| ひとことで言うなら | クラスが一つ上がって、新しいクラスでスタートする日。 |

5歳児

体も心も成長していきますよ

今日は始業式です。みんなが一つ、クラスが上がる日です。今、みんなは何歳かな？　そう、5歳ね。もう6歳になっているお友だちもいるけれど、こうやって一つずつ年が大きくなって、体も心も成長していきます。力もついて、できることが増えていくと思いますよ。何かできるようになったら、先生に教えてくださいね。

お兄さん、お姉さんとして話しかけてあげましょう

今日から一つお兄さん、お姉さんになりました。みんな、とてもいい顔をしています。5歳児さんは園のなかでいちばんのお兄さん、お姉さんです。4月〇日の入園式には小さい組のお友だちが入ってきます。小さいお友だちが困っていたり泣いたりしていたら、「どうしたの？」と話しかけて、やさしくお世話をしてあげましょう。また、わからないことも教えてあげてくださいね。

保育の配慮

始業式は在園児にとっては1学年上のお兄さん、お姉さんになる、スタートの日でもあります。そんな期待と喜びに満ちた子どもたちの気持ちを受け止め、子どもに寄り添った始業式にしたいものです。新しく担任になったときの挨拶は、笑顔で、これから一年ともに過ごすことのうれしさを表しましょう。また、「大きい組になったら、どんなことがしたい？」と、問いかけてみるのもいいでしょう。

4月

4月1日 エイプリルフール

ねらい 楽しいウソをついて楽しむ。言っていいウソといけないウソがあることを知り、相手の気持ちを考える。

ひとことで言うなら 一年に1度、楽しいウソならついてもいい日。

3歳児・4歳児

楽しいウソを考えよう

エイプリルフールは、ウソをついてもいい日です。でも、人を悲しませたり困らせたりするウソをつくと、みんながいやな気持ちになりますね。だから、みんなが楽しくなったり、おもしろいと思ったりするウソにしましょう。みんなだったら、どんなウソにする？ 先生のウソはね、「○○園は甘いお菓子でできているのよ」。どう？ これなら楽しくなるでしょ。みんなでもっと楽しいウソを考えましょう。

5歳児

どうしてウソをついてもいい日ができたの？

今日は、一年に1度だけウソをついてもいい日です。なぜそんな日があるのか不思議ですよね。昔、ヨーロッパでは、4月1日が一年の始まりを祝うお祭りの日だったの。でも、王さまが一年の始まりの日を1月1日に変えてしまいました。お祭りが大好きだった人たちは、「ウソの新年」としてお祭りを続けたそうです。みんなで笑い合えることは、幸せなことですね。だから、今でもこの日は、楽しいウソを言っていいんですよ。

成り立ちを知ろう

日本には大正時代ごろに伝わりました。起源にはさまざまな説がありますが、有名なのはヨーロッパの「旧暦の正月説」です。旧暦では3月25日から1週間春分祭を行い、最終日の4月1日に贈り物を交換する風習がありました。しかし、16世紀半ばに1月1日を新年とする新暦を採用したため、春分祭ができなくなり、それに反発した人たちが4月1日を「ウソの新年」としてお祭り騒ぎをしたという説です。

4月 4月6日〜15日 全国交通安全運動

ねらい 横断歩道の渡り方や信号の見方などの交通ルールを確認し、事故の怖さ、命の大切さを知り、安全への意識を高める。

ひとことで言うなら みんなで交通ルールの大切さを考える10日間。

交通事故にあわないようにしましょう

3歳児 4歳児

みんなは、人と自転車がぶつかったり、自転車と車がぶつかったりするのを見たことがありますか？ 交通事故です。そこで大ケガをしてしまうこともあるので、とても危ないものです。ケガをしてしまった人は痛いし、園に来られなくなったり、友だちと遊べなくなったりします。もしみんなが交通事故にあってしまったら、家族やお友だちなどまわりの人も、心配して悲しい気持ちになります。道路に飛び出したり、赤信号を渡ったりしないで、道での約束を守りましょう。

自分とまわりの人を守るための交通ルール

5歳児

みんなが道を歩くときの約束や、車を運転する人の約束を、交通ルールといいます。交通ルールをきちんと守るということは、自分を守ったり、まわりの人を守ったりすることができるということです。車の道に飛び出さない、信号をちゃんと見て渡るなど、みんなで交通ルールを守って、事故にあわないようにしましょうね。

成り立ちを知ろう

1948年（昭和23年）、国家地方警察本部（警察庁の前身）が定めた「全国交通安全週間実施要綱」に基づいて実施されました。当時、戦争中に減少していた交通事故の数が増加し始めたため、国民に交通安全への注意を呼びかけ、交通事故増加に歯止めをかける目的で開催されるようになりました。現在は、春と秋（9月21日から）にそれぞれ10日間、全国で実施されています。

4月 4月8日 花祭り

ねらい お釈迦さまの存在や教えについて知る。お釈迦さまの誕生を祝うとともに、人を思いやる心や感謝の心をもって暮らすことを考え、命の大切さを感じる。

ひとことで言うなら お釈迦さまの誕生日をお祝いする日。

まわりにいる一人ひとりを大切に

3歳児・4歳児

4月8日は、お釈迦さまの誕生日で、「花祭り」といいます。お釈迦さまは、みんなが幸せに暮らせるように、いろいろなことを考えて、教えてくれました。また、まわりにいる人、一人ひとりをとても大切にしてくれました。みんなもまわりに困っている人や泣いている人がいたら、「大丈夫？」と話しかけて助けてあげてくださいね。

お釈迦さまが生まれたときの話

5歳児

お釈迦さまが生まれたとき、空に龍がやってきて甘い雨を降らし、体をきれいに洗ってくれたといわれています。だから、4月8日のお釈迦さまの誕生日には、甘い雨の代わりに甘茶というお茶を飲んでお祝いをします。甘茶を飲むと、病気をしないそうです。病気をしない元気な体でいられると、お友だちとたくさん遊べてうれしいですね。

成り立ちを知ろう

お釈迦さまの誕生を祝って行われる仏教行事で「灌仏会（かんぶつえ）」とも呼ばれ、本来は旧暦の4月8日に行われるため、地方によっては月遅れの5月8日に行うところもあります。お釈迦さまは、現在のネパールに部族国家をつくった釈迦族の王子として生まれました。その後出家して悟りを開き、その教えを説いてまわるために、生涯にわたって旅を続けたそうです。

4月 4月29日 昭和の日

ねらい 今の時代が「令和」という元号であることを知り、その前に「平成」や「昭和」という時代があったことを知る。文化や時代に興味をもつ。

ひとことで言うなら 令和、平成の前の時代の、昭和天皇の誕生日。

令和、平成の前は、「昭和」という時代

「令和」や「平成」って聞いたことある？ みんなが生まれた時代の名前なの。おうちの人は「平成」や「昭和」という時代に生まれました。4月29日は昭和天皇という人のお誕生日で、「昭和の日」といいます。みんなが毎日使っているもので、昭和にできたものがたくさんあります。冷蔵庫や洗濯機、車、テレビもそう。今便利で暮らせるのは、昭和の時代があったからなのね。

昭和はどんな時代だったの？

今は、「令和」という時代ですね。その前に、「平成」「昭和」という時代がありました。昭和の初めごろ、日本は大きな戦争をしたんです。戦争で大切な人たちを亡くし、食べ物がなくてとっても大変な時代だったそうよ。でも戦争が終わって、幸せに暮らせるようにみんなで力を合わせて、いろいろなものを作り出したんですって。今と昭和は何が違うか、おうちの人に聞いてみるとおもしろいですよ。

成り立ちを知ろう

2007年（平成19年）から加わった国民の祝日で「激動の日々を経て、復興を遂げた昭和の時代を顧み、国の将来に思いをいたす」という定義・趣旨で制定されました。もともとは昭和天皇の誕生日で、元号が平成となってからは「みどりの日」（2007年からは5月4日）とされていましたが、2007年、法律改正に伴い「昭和の日」となりました。

4月 避難訓練

ねらい 災害が起きたとき、自分がどうすればいいのかを考え、身を守り安全に避難する方法を、訓練を通して知る。

3歳児・4歳児

先生と一緒に安全な場所に行く練習をします

もし、園で地震や火事にあったらどうしたらいいか、今日は練習をします。地震が起きると、地面が揺れてものが落ちてきたりします。火事になると、火や煙がたくさん出ます。そんなときとても怖いですよね。でも、大丈夫。先生がみんなを守って、一緒に怖くない場所に連れていきますよ。だからあわてずに、先生の話をよく聞いて、一緒に逃げましょうね。

地震や火事ってどんなことが起こるの？

地震や火事って知っていますか？　地震になると突然地面がグラグラ揺れて、ガタガタと音がして、びっくりしますね。大きな地震では、建物が倒れたり、たくさんの人がケガをしたりすることもあります。火事では、ものに火がついて建物が燃えて、たくさんの煙が出て、とても危険なんですよ。今日は、もし地震や火事が起こったときに、みんなが安全な場所に逃げられるように練習をします。

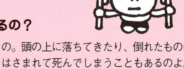

どうして地震がきたら机の下に隠れるの？

地震が起こると、いろいろなものが揺れるでしょう？　揺れが大きくなると、壁にかけたもの、棚の上にあるもの、電灯やガラスなどが落ちて、ケガをするかもしれないの。頭の上に落ちてきたり、倒れたものにはさまれて死んでしまうこともあるのよ。地震だと思ったらすぐに机の下などに隠れて、頭や体を守ることが大切なんですよ。

| ひとことで言うなら | 地震や火事のときに安全に動けるように練習をする日。 |

地震や火事は
いつ起こるかわかりません

みんなは地震や火事のことを、知っていますか？　火事は、火や煙がたくさん出て、建物が燃えたりします。地震が起きると、地面が揺れて、ものが落ちてきたり、家具が倒れてきたりして、大ケガをすることもあります。テレビで地震のニュースを見た人もいるでしょう。地震や火事はいつ起こるかわかりません。だから、起こったときどうするか、今日はみんなで考えて練習しましょう。

「お・か・し・も」の約束を
守って落ち着いて
行動しましょう

火事が起こると、火や煙が出て、とても危険です。でも、先生が一緒にいますから怖がらず防災頭巾をかぶったり、机の下にもぐったり、煙を吸わないようにハンカチで口を押さえたりしましょう。そして、先生の話をしっかり聞いてください。ちゃんと安全なところに連れていってあげるから大丈夫です。「おさない・かけない・しゃべらない・もどらない」の「お・か・し・も」の約束を守って、あわてないで行動しましょう。

保育の配慮

「地震」「火事」などのことばを聞いただけで、怖がる子どももいます。初めての避難訓練のときは、「先生のところに集まりましょう」「一緒に外に出ますよ」と声をかけ、子どもを守りながら避難しましょう。訓練が終わってから絵などで避難訓練の意味を伝え、自分の体を守ることの大切さを知らせましょう。避難の基本は、「**お・か・し・も**（**お**さない・**か**けない・**し**ゃべらない・**も**どらない）」だということも伝えましょう！

21

誕生会

ねらい 自分の誕生日や友だちの誕生日を祝うことで、大きくなった喜びを感じる。自分を産んで育ててくれたお父さん、お母さんに、感謝の気持ちをもつ。

3歳児 4歳児

お誕生日を迎えるごとに、1歳大きくなります

今日はお誕生会です。お誕生日を迎えると、みんなは1歳大きくなります。みんなが生まれたときは、お母さんの腕にすっぽり入るくらいとっても小さかったんですよ。お父さんやお母さんが「元気に大きくなりますように」って大事に育ててくれたのね。みんなは今、こんなに大きくなって、お父さんもお母さんもとても喜んでいますよ。

みんなが生まれてきた大切な日

お誕生日は、みんなが生まれた日です。みんなが生まれてきて、お父さんとお母さんはとてもうれしくて、1歳、2歳……と元気に育つようにと今まで大事に育ててくれたの。だから、みんなのお誕生日はそれぞれ大切なんですよ。お友だちの大切な日を、今日はみんなで「おめでとう！」とお祝いしましょう。

Q&A

どうやって生まれたの？

お母さんのおなかにはね、赤ちゃんがゆっくり眠れるゆりかごみたいなお部屋や、外へ出てくるためのトンネルがあるの。初めはとっても小さいけれど、お母さんから栄養をたっぷりもらって、大切にされて赤ちゃんは育ちます。そして、お父さんやお母さんに会うため、一生懸命にトンネルを通って生まれてくるんですよ。

| ひとことで言うなら | お母さんのおなかから生まれた日。一つ年が大きくなる日。 |

5歳児

お父さん、お母さんに「ありがとう」

みんなは生まれてきた日のことを覚えていないかもしれないけど、お父さんやお母さんはとてもよく覚えてくれていますよ。お母さんのおなかの中にいるときから大事に育ててきて、みんなに会えたときはとてもうれしかったことでしょう。だから、生まれた日はとても特別な日なんです。これまで大事に育ててくれたお父さん、お母さんに「ありがとう」とお礼を言いましょう。

大きくなるってうれしいね

誕生日はみんなが生まれた特別な日です。誕生日はそれぞれ違う日だけれど、一人ひとりにありますね。誕生日がくると年が1歳ずつ大きくなります。大きくなるってうれしいですね。もっともっと大きくなったらみんなはどんな人になるのかしら？ 先生はとっても楽しみです。お友だちのうれしい日を、今日はみんなでお祝いしましょう。

保育の配慮

子どもには自分が成長しているという実感はあまりありませんが、「誕生日に一つ年をとる」ということは、わかりやすいもの。園で行う誕生会は、まわりの友だちが祝ってくれる日であり、友だちのことを祝ってあげる日でもあることを伝えましょう。また、今まで育ててくれた両親に「ありがとう」を言うことも大切なことと伝えましょう。

23

生まれた月はどんな月？

「みんなが生まれた○月はどんな季節でしょう？」と子どもたちに問いかけながら、生まれてきた季節の素晴らしい情景について話してみましょう。

ポカポカ暖かくなり、桜やチューリップのお花が咲き始めます。楽しい気持ちになりますね。

木の葉っぱがきれいな緑色になります。やさしい風が気持ちのいい季節です。

雨がたくさん降って、あじさいの花がとてもきれいに咲く季節です。

暑くなって、海やプールでジャブジャブ水遊びをするのが楽しい季節です。

お日さまギラギラ。真っ黒に日焼けする季節です。セミの鳴く声がにぎやかです。

お月さまがきれいに見える季節。夜には、コオロギの声も聞こえてきます。

木の葉っぱが赤や黄色になり、柿やりんごやぶどうなどのおいしい果物がいっぱい。

道端に落ちたどんぐりや松ぼっくりを拾うのが、楽しい季節です。

サンタクロースがやってくる季節。園でもきれいなツリーを飾ります。

新しい年の始まり。お正月には新年の挨拶をして、おせち料理を食べますね。

雪が降ったりして、寒い季節。雪だるまを作ったり雪合戦をしたり楽しいですね。

だんだん春が近づくとき。土の中から草花の小さな芽が、顔を出しますよ。

5月

May
皐月（さつき）

- 憲法記念日
- みどりの日
- こどもの日
- 愛鳥週間
- 健康診断
- 母の日
- 遠足

5月 5月3日 憲法記念日

ねらい 日本の国には憲法という約束ごとがあり、それをみんなで守りながら、平和に暮らしていくことの大切さを知る。

ひとことで言うなら みんなが仲よく暮らすための約束ができた日。

3歳児・4歳児

みんなが幸せに暮らすためにある約束を守ろう

○○組のみんなは、砂遊びが大好きですね。でも大好きな砂遊びだからと、部屋に砂を持ってきて遊んだら、部屋や机、かばんや服が汚れてしまいますね。ですから、○○園には「砂遊びは外でしましょう」という約束があります。日本の国にも、みんなが気持ちよく、幸せに暮らすための約束があるんですよ。それを「日本国憲法」といいます。

5歳児

平和を願ってつくられた日本の大切な約束

日本の国の大切な約束、決まりを、「日本国憲法」といいます。その憲法を決めた日が、「憲法記念日」です。憲法は、日本にいるみんなのものです。人と人が傷つけあったり、戦争をしたりしないように、また、赤ちゃんからお年寄りまで、男の人も女の人もみんな幸せに暮らせるようにとつくられました。

成り立ちを知ろう

1947年（昭和22年）5月3日、大日本帝国憲法（明治憲法）に替わり、現在の日本国憲法が施行されました。その翌年に公布された「国民の祝日に関する法律」により、憲法施行日の5月3日が「日本国憲法の施行を記念し、国の成長を期する」という趣旨で国民の祝日と定められました。日本国憲法は、「国民主権」「基本的人権の尊重」「平和主義」の三原則を基本理念としています。

5月 5月4日 みどりの日

ねらい 身近な草花や木に触れ、太陽の光を浴びて育つ生命の力やその美しさを感じ、自然を大切にする気持ちを培う。

ひとことで言うなら 身近な草花や木を大切にして、自然を守ろうという日。

桜の木もみんなと同じように育っているのよ　[3歳児・4歳児]

みんなは赤ちゃんのときにはお母さんのおっぱいを飲み、そのあとはご飯をたくさん食べて大きくなってきましたね。入園式のときに咲いていた桜の木も、ここに植えられたときは小さな木でしたが、太陽の光や水を吸って、今はとっても大きくなりました。木や草は動いたり話したりしませんが、命があって、みんなと同じように生きているのです。5月4日はみんなのまわりの花や木を大切にしましょうね、という日です。

[5歳児] 花や木の命を大切にしましょう

みんなのまわりにはたくさんの草や木が生え、育っていますね。草や木が多いと空気がきれいになり、人が暮らしやすく健康になります。また草や木を食べたり、そこに暮らしている生き物もたくさんいますね。花が咲いたり、緑の葉っぱがあるのは、人間や生き物が生きていくために大切なことです。そして、草や花や木にも私たちと同じように命があります。水やりをしたり、世話をしたりして、大切にしていきましょう。

成り立ちを知ろう

1989年（平成元年）、「自然に親しむとともにその恩恵に感謝し、豊かな心をはぐくむ」という趣旨で制定されました。2006年（平成18年）までは、昭和天皇の誕生日でもある4月29日に設定されていましたが、2007年（平成19年）、同日を「昭和の日」とするに際し、5月4日に変更されました。また、新緑の季節にあたるこの時期に、自然に親しみ、造詣を深めるために、4月15日～5月14日の期間を「みどりの月間」としています。期間中は、「みどりの式典」が開催されるほか、全国でさまざまな行事が実施されます。

5月 5月5日 こどもの日

ねらい 子どもの成長を祝う日であることを知る。両親や祖父母、まわりの大人から温かく見守られていることに気づき、感謝する。

鯉のように元気に たくましく育ってね

鯉という魚を知っていますか？ 鯉は流れの速い川でも、流されないで元気よく泳ぐ魚です。その鯉のように子どもが元気でたくましく、大きくなってほしいと願って、お祝いするのが「こどもの日」です。お父さんやお母さん、先生たち大人は、子どもが元気に大きくなるのをとても楽しみにしていますよ。

3歳児 4歳児

風に吹かれる こいのぼりを見上げて

こいのぼりを立てると、気持ちよさそうに風に吹かれていますね。いちばん大きな「真鯉(まごい)」はお父さん、真ん中の赤い「緋鯉(ひごい)」はお母さん、小さな「小鯉(こごい)」は子ども、仲のいい家族みたいですね。5月の青空に、きれいな鯉が元気いっぱい泳いでいます。みんなも、元気いっぱい外で遊んで、大きくなりましょう。

Q&A

柏もちやちまきを食べるのはどうして？

柏という木は、古い葉があるうちに新しい子どもの葉っぱが出てきます。昔の人は柏の葉で巻いたおもちを食べて、「子どもが増えるように」と願ったの。ちまきは昔、薬草で巻かれていて、これを食べて「悪いことが起きませんように」と願っていました。

保育の配慮

本来は男の子の成長を祝う節句ですが、国民の祝日としての意味は、男女を問わず、子どもたちのすこやかな成長を願う日。いつも両親や祖父母をはじめ、多くの人が成長を見守っていることを伝えましょう。

| ひとことで言うなら | 子どもが元気に大きくなったことをお祝いする日。 |

5歳児

みんなが大きくなったことをお祝いしましょう

みんなは生まれたとき、今よりずっと小さい赤ちゃんでしたね。その赤ちゃんがすくすくと大きく育つようにと、お父さんやお母さん、おじいちゃん、おばあちゃんたちは、みんなを大切に育ててくれました。まわりの大人たちもみんなが大きくなることを楽しみにしています。5月5日の「こどもの日」は、みんなの成長を喜びお祝いする日です。いろいろな人に見守られているって、うれしいですね。

みんなが元気に育つように願っています

5月5日のこどもの日には、こいのぼりを飾りますね。鯉は、急な滝を下から元気よく泳いでのぼっていくといわれています。こいのぼりは、その鯉のように、子どもたちに強く育ってほしいという願いを込めて飾るのです。金太郎のお人形や、兜（かぶと）を飾るおうちもありますね。力持ちの金太郎や昔の強い人たちに負けない、元気な子になりますように、と飾るんです。柏もちを食べるのは、柏の木がおめでたい木といわれているので、お祝いにぴったりだからです。一つひとつ思いが込められているんですね。

成り立ちを知ろう

もともとは、五節句の一つである「端午（たんご）の節句」にあたります。古代中国では、古くから季節の変わり目の5月になると薬草である菖蒲（しょうぶ）酒を飲み、菖蒲を腰に下げるなどして、体の汚れをはらう厄除けの行事をしていました。この慣習が日本に伝わり、菖蒲が「尚武（しょうぶ）」に通じることから、武士の間で男の子の厄除けと健康を祈る行事として定着しました。1948年（昭和23年）には、「こどもの人格を重んじ、こどもの幸福をはかるとともに、母に感謝する」ことを趣旨として、国民の祝日になりました。

5月 5月5日 ● こどもの日

行事の風習

五月人形

戦国時代の武将が鎧兜(よろいかぶと)を身につけて、自分の命を守ったことから、子どもを事故や災害から守るものとして飾られるようになりました。

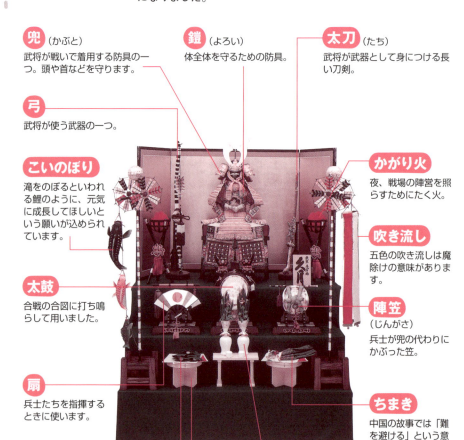

兜(かぶと)
武将が戦いで着用する防具の一つ。頭や首などを守ります。

鎧(よろい)
体全体を守るための防具。

太刀(たち)
武将が武器として身につける長い刀剣。

弓
武将が使う武器の一つ。

こいのぼり
滝をのぼるといわれる鯉のように、元気に成長してほしいという願いが込められています。

かがり火
夜、戦場の陣営を照らすためにたく火。

吹き流し
五色の吹き流しは魔除けの意味があります。

太鼓
合戦の合図に打ち鳴らして用いました。

陣笠(じんがさ)
兵士が兜の代わりにかぶった笠。

扇
兵士たちを指揮するときに使います。

ちまき
中国の故事では「難を避ける」という意味があります。

写真提供：株式会社久月

柏もち
子どもの成長と子孫繁栄の願いが込められています。

三方(さんぼう)
神仏にものを供えるときに用いる台。

菖蒲酒(しょうぶざけ)
武芸を尊ぶという意味や、菖蒲の葉の薬効から悪疫を避ける意味があります。

こいのぼり

黄河をさかのぼり、龍門という滝をのぼりきった鯉は龍になることができ、天にのぼる、という中国の登竜門の伝説から、子どもが元気に成長し、将来活躍してほしいという願いが込められています。

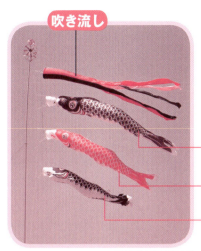

吹き流し

真鯉（まごい）黒い鯉。

緋鯉（ひごい）赤い鯉。

子鯉（こごい）青い鯉。

写真提供：株式会社久月

菖蒲（しょうぶ）

菖蒲は古くから薬草として用いられ、疲れをとったり打ち身に効くとされ、また芳香で邪気をはらうといわれています。

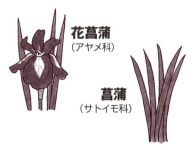

花菖蒲（アヤメ科）

菖蒲（サトイモ科）

行事の食べ物

柏もち

あんこを入れ二つ折りにした新粉もちを、柏の若葉で包んで蒸したお菓子で、子孫繁栄の縁起を担ぐとされています。

ちまき

もち米などで作ったもちを笹の葉にくるんで縛り、蒸した食べ物。中国の風習が日本へ伝わりました。

5月 5月10日〜16日
愛鳥週間

ねらい 身近な鳥の姿を観察したり、鳴き声に耳を傾けることで、鳥という生き物に関心をもつ。飼育している鳥の世話から愛着を感じ、命の大切さを知る。

3歳児 4歳児

鳥の鳴き声を聞いてみよう

みんなは鳥の鳴き声を聞いたことがありますか？ どんな鳴き声があるかな。アヒルはグワッグワッ、小さなすずめはチュッチュッって鳴きますね。ウグイスは、ホーホケキョって鳴いて、春が来たよって、みんなに教えてくれるんですよ。鳥の鳴き声はそれぞれ違うので、いろんな鳥の鳴き声を聞いてみるとおもしろいですよ。

いろいろな鳥の姿や様子を見てみよう

鳥にはどんな種類があるかな。鳴き声の美しいウグイス、木をつつくキツツキ、長い羽がきれいなクジャク、走るのが速いダチョウ、飛べないけれど泳ぎの得意なペンギン、海を渡ってやってくるツバメ。たくさんの鳥がいますね。ほかにはどんな鳥がいるのか、知っていたら教えてくださいね。

まめ知識

鳥の名前の電車

日本で走っている電車には、速さや、軽やかに空を飛び進むイメージから、ツバメやトキなど鳥の名前がつけられたものがたくさんあります。近年では、最高時速320キロもの速さで走る、東北新幹線「はやぶさ」が有名ですね。

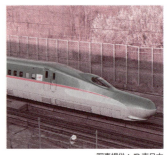

写真提供：JR東日本

| ひとことで言うなら | いろいろな鳥を好きになり、命の大切さを考える一週間。 |

5歳児

身近な鳥の世話をしよう

先生は子どものころ、文鳥という鳥を飼っていました。毎日、文鳥のエサと水を取り替えるのが、先生の仕事だったんです。文鳥の名前はピーちゃん。はじめはお世話をするのが大変だったけど、続けているうちにピーちゃんも先生になついてくれるようになって、とっても仲よしになりました。みんなも園のニワトリを大切にお世話しましょうね。

鳥がすむ自然を大切にしよう

鳥は、いろいろなところにすんでいて、種類もたくさんあります。森や林にすむ鳥たちは、木の実や虫を見つけて食べています。森や林がなくなったら、虫や木の実もなくなり、鳥たちはエサを食べられなくなってしまいます。そんなことのないように、みんなで森や林の自然を大切にして、鳥たちが安心して生活できるようにしましょうね。

成り立ちを知ろう

1894年、アメリカのペンシルベニア州オイルシティー市の教育長だったバブコック氏が、小鳥を守ることを目的とした「バードデー」を提唱しました。その後、アメリカ全土に拡大し、4月10日が「バードデー」となりました。日本では1947年(昭和22年)4月10日に初めて「バードデーのつどい」が開催され、1950年(昭和25年)には、5月10～16日の一週間が「愛鳥週間」と定められました。野鳥保護、自然保護思想の普及を目的に全国野鳥保護のつどいが開かれ、さまざまなイベントが各地で行われます。

5月 健康診断

> **ねらい** 健康診断を受け、健康な体であるかを診てもらい、体の状態を知る。自分の体が成長することの喜びを感じる。

3歳児 4歳児

体の中の声を聞く日です

今日は、「健康診断」といってお医者さんにみんなの体がどのくらい元気か診てもらう日です。お医者さんは、聴診器という道具を持っています。聴診器を胸や背中にあてて「もしもし」と聞くと、体の中の声が聞こえてくるんですよ。みんなの体の中から「元気ですよー」という声が返ってくるかしら。体の中の声がよく聞こえるように、自分の番が来るまで静かに待っていましょうね。

お医者さんに体が元気か診てもらいましょう

みんなの体はぐんぐん大きくなっています。でも、大きくなっても外から見ただけでは、体の中が元気かどうかはわかりませんね。お医者さんは、みんなの体の中が元気に動いているか、悪いばい菌や病気がないかをちゃんと診てくれます。もし悪い

ところがあったら早く治してもらいましょう。そうすれば、みんなすぐに元気になって遊べます。今日は、お医者さんにしっかり診てもらいましょう。

聴診器をあてると、何が聞こえるの？

体の中からはいろんな音が聞こえるよ。悪いばい菌はいないかな？ 心臓はいい音かな？ 咳が出やすいかな？ とか、お医者さんは音を聞くと元気かどうかわかるんですって。すごいね。どんな音がすると思う？ みんなも、お友だちの背中や胸、おなかに耳をあててごらん。いろんな音が聞こえるよ。

| ひとことで言うなら | 体の健康と成長を、お医者さんに診てもらう日。 |

聴診器で体の中の音を聞いてもらいましょう

今日はみんなの体の中が元気かどうか、悪いばい菌や病気がないかどうかを、お医者さんが診てくれます。お医者さんは聴診器という道具で、体の中の音を聞くことができます。どんな音がするかで、元気な体かどうかわかるそうです。すごいですね。

お医者さんは、ばい菌や病気をやっつけてくれる名人

病院に行くと、少しドキドキしますね。でも、お医者さんは、みんなにとって大切な仕事をしている人なんですよ。みんなは毎日元気に遊んでいるけれど、体の中には、外からはわからない悪いばい菌や病気があることがあります。それを道具を使ってよく診たり触ったりして見つけて、お薬で退治したり治してくれたりする名人が、お医者さんなんです。

保育の配慮

子どもは、健康診断にどんな意味があるのかが理解しにくいので、裸になってお医者さんに診てもらうことをいやがる子もいます。事前に絵などを使い、健康診断の内容（身長・体重測定、内診など）を、わかりやすく示してあげましょう。また、健康診断をすることで、子どもたちが大きくなり、元気なことがわかるということも、伝えておきましょう。結果をおうちの方に伝えることも忘れずに。

5月

5月 第2日曜日

母の日

> **ねらい** 自分を産み育ててくれた母親の存在をあらためて感じる。自分を大切にしてくれている母親への感謝の気持ちをもつ。

3歳児 4歳児

お母さんに好きなところを伝えよう

みんなはお母さんのどんなところが好きですか？ にこにこ笑っている笑顔かな、それとも一緒に遊んでくれるところかな。母の日は、みんなのお母さんに「ありがとう」の気持ちを伝える日です。そのときに、お母さんの好きなところを伝えてみましょう。きっと喜んでくれるでしょうね。

いつもお仕事しているお母さんに「ありがとう」

みんなはお母さんのお仕事について考えたことがありますか？ お母さんはいつもどんなことをしているかしら？ 料理、洗濯、掃除、それにみんなを送ってきてくれたり、お仕事に行ったり、パソコンを打ったりしてるかな。みんなで考えてみましょう。そして、いつもみんなのためにお仕事しているお母さんに「ありがとう」を伝えましょう。

保育の配慮

一人親家庭が増えている昨今、母の日や父の日についての話題の取り上げ方には、配慮が必要です。一人親という環境を子どもはどう感じているのかを考え、他者との違いに敏感になっているようであれば、家族のなかで感謝の気持ちを伝えたい人について話し合うのも方法の一つです。母の日や父の日を通して身近な人への感謝の気持ちをもち、おうちの方の愛情の深さに気づく機会にしたいものです。

| ひとことで言うなら | 大好きなお母さんに、「ありがとう」を伝える日。 |

5歳児

産んでくれて、ありがとう

みんなは「オギャア」と生まれてくるまで、お母さんのおなかの中に10か月もの長いあいだいたんですよ。そしてみんなが生まれるとき、お母さんはおなかが痛くなったり、長い時間がかかったりして、とても大変だったの。みんなが生まれたときは、うれしくて涙が出たでしょう。かわいいみんなに会うためにがんばったお母さんに「ありがとう」と言いましょうね。

「ありがとう」の伝え方を考えよう

母の日には、お母さんに「ありがとう」と言葉で伝えるほかに、どんな伝え方があるかしら？ 手紙を書いたり、絵を描いてプレゼントしたり、お母さんのお手伝いをするのもいいわね。みんなが気持ちを込めると、お母さんはとっても喜んでくださいますよ。一人ひとりが自分の「ありがとう」を、お母さんに贈りましょう。

成り立ちを知ろう

1907年、アメリカのアンナ・ジャービスさんが、亡き母をしのぶ会を開催し、母親が生前に好んだ白いカーネーションを参列者に配ったことが起源だといわれています。これがアメリカ全土に広がり、1914年には5月の第2日曜日が母の日に制定されました。日本では戦前、当時の皇后の誕生日の3月6日を母の日としていましたが、戦後、アメリカにならって5月の第2日曜日に行うようになり、母親に感謝の気持ちを表す日として定着しました。以前は、母親が健在の人は赤、亡くなった人は白のカーネーションを胸に飾るのが一般的でしたが、現在は色にはこだわらなくなってきています。

5月

遠足

ねらい 園外保育に出掛けて、遠足を楽しむ。
自然や動物などへの興味や関心の幅を広げる。

ひとことで言うなら 園外に出かけ、色々な体験を楽しむ。

3歳児 4歳児

遠足の日が楽しみですね

みんな遠足って知ってますか？　そう園とは違う場所に先生やお友達と出かけることですね。今度の遠足はお父さんやお母さんも一緒に電車（バス）に乗って動物園に行こうと思います。どんな動物がいるでしょう。知っている動物に会えるといいですね。みんなで一緒にお弁当も食べますよ。おにぎりがいいかしら？　それともサンドイッチ？　遠足の日が楽しみですね。

どんな動物がいるかな？

今度の遠足はみんなが行きたいと言っていた動物園に行きます。これは動物園の地図です。色々な動物がいるわね。どんなふうに回ったら、みんなが見たい動物に会えるか、考えてみましょう。動物の体の色や模様はどうなっているのかな。鳴き方はどんな声かしら。しっぽはどんな形？　動物園でいろいろな発見がありそうですね。お弁当を食べる場所も決めましょうね。

5歳児

保育の配慮

遠足は、保護者参加の有無や場所の設定など様々です。子どもたちの興味や楽しみを考え、ことばがけをしていきます。3・4歳児であればお弁当やおやつのことに、より関心が向くことでしょう。5歳児では実際に見たり触れたりなど、体験することに興味が強いでしょう。事前の活動として、施設内の地図を手掛かりに子ども達と見学コースを考えてみることも一案。イメージが広がり、期待がふくらむことでしょう。

6月

June
水無月

- 衣替え
- 歯と口の健康週間
- 時の記念日
- 父の日
- 夏至
- プール開き
- 保護者参観日

6月1日 衣替え

> **ねらい** 夏服や夏帽になることを通して、衣服を調節して心地よく過ごす大切さに気づく。季節の変化を感じ、関心をもつ。

3歳児 / 4歳児

暑い季節には半袖を着て涼しく過ごそう

明日から6月ですね。気持ちよく過ごせた春から、暑い夏に変わっていきます。夏になると暑くていっぱい汗をかくでしょう。だから、涼しく過ごせるように、長袖から半袖に服を替えます。季節に合った服に替えることを「衣替え」といいます。園に来るときも、夏用の服や帽子にして、気持ちよく過ごせるようにしようね。

いろんな人の服が替わります

明日から「衣替え」といって、園に着てくる制服が替わります。暑い夏が近づいてきたので、いままで着ていた長袖から涼しい半袖に替えます。お兄さん、お姉さんの学校の制服、おまわりさんや駅員さん、スーパーの店員さんの服も夏用に替わります。みんなのまわりでどんな人の服が替わるか、さがしてみましょう。

Q&A

衣替えの「衣(ころも)」ってなに？

人の体をかくしたり、寒さやケガから守るために着る洋服や着物を、「衣」っていうの。季節によって着るものを取り替えるから、「衣替え」っていうんですよ。天ぷらにも衣がついているわね。洋服を着ているみたいで、おもしろいね。

| **ひとことで言うなら** | 暑い夏を涼しく過ごせるように、夏物の洋服や帽子に替える日。 |

5歳児

昔の人も、衣替えをしていました

着物や洋服、人の体を隠したり守ったりするために着るものを「衣」といいます。昔々の時代の人も、夏になると着物を替えて、衣替えをしていたんです。着物って、全部同じような形をしているように見えるけど、実はいろいろな種類があるんですって。七五三で着物を着た人はいるかな？ 七五三の着物と、夏のお祭りのときに着る浴衣はちょっと違うよね？ 浴衣は夏の着物なんですよ。

洋服はきちんと
たたんでしまいましょう

6月に入ったら、冬用の洋服をしまって、夏用の洋服に替えます。春・夏・秋・冬と季節が変わると、暑さや寒さによって洋服を取り替え、気持ちよく過ごせるようにするんですよ。長袖の洋服は、冬が来たら気持ちよく着られるように、洗ってきちんとたたんでしまっておきます。お母さんは、たくさんの洋服を出したりしまったり大変ですね。みんなは、お母さんの衣替えのお手伝いができるかな？

成り立ちを知ろう

平安時代の宮中では中国の風習にならい、おはらいの意味も込めて4月1日から夏装束、10月1日から冬装束に改める、「衣替え」の行事が行われていました。当時は、夏装束、冬装束だけでなく、女房（平安時代以降で宮中に仕える女性のこと）が持つ扇も、材質の異なるものに替えていました。

鎌倉時代になると、畳や調度品まで替えるようになり、江戸時代には、四季に応じて衣替えをするようになりました。明治以降は、制服を着ることが一般的となり、6月1日に冬服から夏服に、10月1日に夏服から冬服に衣替えが行われるようになりました。

6月 6月4日〜10日

歯と口の健康週間

> **ねらい** 歯の役割や健康について考える。歯の大切さや虫歯予防の必要性に気づき、うがいや歯みがきの習慣を身につける。

3歳児 / 4歳児

虫歯ばい菌をやっつけよう

お口を「あーん」って開けてみて。みんな、真っ白い歯が並んでいるかな。虫歯ばい菌はいないかな……？　虫歯ばい菌は、食べかすが大好き。「食べたあとに、歯みがきやブクブクうがいを忘れている子はいないかな〜？　オレさまが暴れて、歯を痛くしてやるー!!」だって！　そんなことになったら、大変。みんな、歯みがきやうがいを忘れずにして、虫歯ばい菌をやっつけようね。

歯みがきは丁寧にしましょう

先生はこの前、歯医者さんに行ってきました。毎日歯みがきをしているから、大丈夫だと思っていたら、歯医者さんに「歯と歯の間に小さい食べかすが残ってます」って言われたの。ちゃんと丁寧に歯みがきをしていなかったからだと思いました。食べかすに虫歯ばい菌がつくと、歯をとかして虫歯になってしまうんです。歯医者さんに、虫歯にならない歯みがきの仕方を教わったから、みんなで一緒にやってみましょう。

Q&A どうして虫歯になるの？

虫歯ばい菌は、食べかすが大好物。食べかすに虫歯ばい菌がつくとどんどん歯をとかして、穴をあけ、黒い虫歯を作ってしまうのよ。歯みがきやうがいで、口の中をきれいにしておきましょうね。

保育の配慮

虫歯は体質による場合もあるので、治療してもらえば虫歯は退治できることや、痛くならずにすむことも伝えましょう。また、虫歯を増やさないためにはなによりも予防が大切なので、食後の歯みがきやうがいなど、園でも習慣づけていきましょう。

42

| ひとことで言うなら | 歯を大切にし、口の中をきれいにし、健康を考える一週間。 |

5歳児

強い歯にするために必要なこと

みんなは、虫歯ばい菌に負けない強い歯と、ボロボロの弱い歯とどっちがいい？もちろん、強い歯のほうが絶対にいいよね。強い歯になるために、よい方法があります。それは、好き嫌いをしないで何でもよく食べること。それから、もぐもぐよくかんで食べること。食べたあとに歯みがきをすること。そして、お外でいっぱい遊ぶこと。そうすれば、強い歯になれますよ。

もうすぐ大人の歯に生えかわります

今みんなに生えている子どもの歯を「乳歯」といいます。もうすぐこの乳歯が抜けて、大人の歯に生えかわっていくの。その大人の歯のことを「永久歯」といって、みんなが大きくなって、おじいちゃんやおばあちゃんになってもずっと使う歯なのよ。だから、大切にしましょうね。丈夫な歯でいるためには、毎日きちんと歯みがきをして、栄養をたくさんとるようにしましょうね。

成り立ちを知ろう

「む（6）し（4）」の語呂合わせで、1928年（昭和3年）に、6月4日を「虫歯予防デー」と定めたことが始まりです。現在は、厚生労働省によって6月4～10日までの一週間を、「歯と口の健康週間」としています。この一週間には、口の中の衛生に関する正しい知識を広め、虫歯や歯周病を予防するための活動などが、全国で行われています。「80歳になっても自分の歯を20本以上保とう」という趣旨の「8020（ハチマルニイマル）運動」も、この期間に特に力を入れて行われています。

6月 6月10日 時の記念日

ねらい 生活の中にあるさまざまな時計に興味をもつ。時間の役割に気づき、時間を守ることの大切さについて考える。

3歳児 4歳児

時計がなかったらどうなるかな？

このお部屋の中に時計はあるかな？　そうだね、あそこにあるね。もし時計がなかったら、どうなるかな？　園に何時に来ればいいとか、おうちの人は何時にお迎えに来るのかなどがわからなくなります。それにみんなで一緒に遊んだり、一緒にご飯を食べたりする時間もばらばらになってしまいますね。時間はみんなが一緒に過ごすときの大切な決まりでもあるの。だから、時間を教えてくれる時計が必要なのです。

時計の針を見てみよう

時計を見ると長い針と短い針がありますね。長い針がぐるっとひと回りすると、短い針が少しだけ動きます。こうして、時計の中で2本の針がぐるぐる回って、みんなが園に来る時間、お昼ご飯の時間、おやつの時間、帰りの時間を教えてくれるんです。

##

時計はどうして動くの？

みんなの知っている時計は、中に細かい機械が入っています。電池やぜんまいを巻いた力で、中の機械を動かして、正しい時間を知らせるように作られているんですよ。

時計の中をのぞいてみたいわね！　大昔、機械がないころには、太陽の光が当たってできる影の位置で時間を知る「日時計」を使っていたんですって。

ひとことで言うなら 時間を守って過ごすことが大切だと考える日。

5歳児

時計を見て時間を守ろう

先生は、毎日みんなで楽しく過ごせるように、お片づけの時間やご飯の時間を時計で確かめて、みんなに呼びかけています。そうだ！今日はみんなで時計を見ながら片づけやご飯のしたくをしてもらいましょう。先生が、ここ（黒板）に時計の絵を描きます。これと本物の時計を見比べて、同じ時間になったら、友だちと知らせ合って、先生に教えてくださいね。

時計ウォッチングに行こう！

目覚まし時計や、掛け時計、腕時計に、砂時計。キッチンタイマーも時計の仲間です。いろいろな種類の時計があって、全部、時間を知らせるためのものです。今日は、園の中にいくつ時計があるか数えてみましょう。それから、全部、数え終わるまで、何分かかるかも調べてみましょう。長い針が、ここになったらスタートね。さあ、時計探しの探検に出発！

成り立ちを知ろう

1920年（大正9年）、生活改善同盟会が、当時の日本人にも欧米人並みに時間感覚をもち、合理的な生活ができるようにと願って、「時の記念日」が制定されました。『日本書紀』によると、時刻を正確に計れる漏刻（水時計）が天智天皇によって設置されたのが671年4月25日。これを記念する意味で、旧暦の4月25日にあたる6月10日が記念日とされました。この日には天智天皇が祀られる近江神宮で「漏刻祭」が行われ、時計メーカーによる時計の奉納などが行われます。また、日本標準時子午線がある兵庫県明石市でも記念式典が開催されます。

6月 父の日

6月 第3日曜日

> **ねらい** 父親の存在や仕事について話し合い、感謝の気持ちをもつ。「大好き」や「ありがとう」の気持ちの伝え方を考える。

3歳児 4歳児

お父さんが元気になる言葉をかけよう

みんなは、お父さんがどんなことをしてくれたときがうれしいかな？（答え）そう、それはうれしいね。みんなすてきなお父さんだね。ところで、お父さんが元気でうれしくなる魔法の言葉を知っているかな？　それはね……「お父さん、大好きだよ。お仕事いっぱいしてくれてありがとう」。お父さんが、元気になる魔法の言葉、おうちで言ってあげましょうね。

お父さんについて話そう

みんなのお父さんは、みんなよりどのくらい背が高くて大きいかな？　手の大きさは？　足の長さはどうだろう？　おうちに帰ったら、みんなとお父さんのくらべっこをしてみましょう。お父さんって大きくて強くて、頼りになるよね。お父さんは、いつもみんなのことを守ってくれているよ。

Q&A

お父さん（お母さん）はどうして会社に行くの？

お父さん（お母さん）は、お仕事をしに会社に行きます。会社のほかにも、仕事はたくさんあります。お仕事をするということは、世の中の誰かのために役立っている、ということですね。そして「助かりました。ありがとうございます」という意味で、仕事をした分のお金をいただくの。そのお金は、家族が幸せに暮らせるように、お父さんやお母さんが、考えて使ってくれるんですよ。

| ひとことで言うなら | お父さんに「ありがとう」の気持ちを伝える日。 |

5歳児

お父さんが喜ぶことを考えよう

みんなのお父さんは、どんなお仕事をしていますか？ お父さんが働いているところを見たことがありますか？ 毎日みんなのためにがんばっているお父さんが喜んでくれることを考えてみましょう。どんなことをしたらいいかしら？　言葉で伝えることもすてきだし、お父さんの好きな料理をお母さんと一緒に作ったりするのもいいね。さあ、お父さん、喜んでくれるかな？

「お父さんありがとう」の気持ちを忘れずに

お父さんやお母さんは、いつもみんなや家族のことを考えています。「今日は元気かな？」「元気がないけど友だちとケンカでもしたのかな？」とか、「がんばってるな」「ずいぶん大きくなったなあ」って。家族のために一生懸命お仕事をして、お休みの日に遊んでくれて、みんなのことを見守ってくれているお父さんってすごいよね。父の日は、そんなすてきなお父さんに「ありがとう」って伝える日です。

成り立ちを知ろう

1910年（明治43年）、アメリカのワシントン州に住むドッド夫人が、自分たち6人の子どもを男手一つで育ててくれた父親に感謝し、墓前に白いバラを捧げたことが始まりだといわれています。ドッド夫人は、「母の日」の存在を知り、父に感謝する「父の日」の制定を牧師に嘆願したそうです。

その後、「父の日」の行事は各地に広まり、1972年には正式にアメリカの国民の祝日になりました。日本では、1950年（昭和25年）ごろから導入され、1980年代から現在のように広まりました。

6月

6月21日ごろ

夏至

ねらい 季節の変化に関心をもつ。一年でいちばん昼が長い日であることを知り、自分たちの生活とてらし合わせて考える。

ひとことで言うなら 昼間の時間が一年でいちばん長くなる日。

3歳児 4歳児

お日さまが出ている時間がいちばん長い日

みんな、外で遊ぶのが大好きですね。お日さまは、朝から夕方まで、みんなが遊んでいるのを明るく照らしてくれています。今日は、お日さまが出ている時間が一年でいちばん長い日なんです。これから夏に向かって、元気なお日さまが「わたしがいっぱい明るく照らすから、みんなもお外で元気に遊んでね」って言っているのかもしれないね。

5歳児

夏

冬

季節とともに、昼と夜の長さが変わります

毎日、朝、昼、夜と時間が過ぎていきますね。季節によって昼と夜の長さが違うって知ってましたか？ 今日は、一年でいちばん昼の長さが長い日です。そして明日から少しずつ、太陽が出ている時間が短くなっていきます。毎日の変化はほんの少しだけど、冬になると、夕方早く外が暗くなって、夜の長さが長くなります。不思議ですね。

成り立ちを知ろう

二十四節気の一つで、北半球では夏至の日に太陽の南中高度（真南に来たときの太陽の高さ）がもっとも高くなります。そのため、昼間がもっとも長く、夜がもっとも短い日になります。東京の場合、南中高度は夏至の日が78度、冬至は32度で、その差は46度。これは地球の地軸（自転の回転軸）が黄道（太陽の通り道）に対して23.5度傾いているためで、この傾きが四季の変化をつくっています。また、北極に近い地方では、夏至のころになると「白夜」と呼ばれる現象（夜中になっても太陽が沈まない）が続きます。

6月 プール開き

ねらい 夏の到来を知り、水と親しむことの楽しさや気持ちよさを感じる。プールで安全に遊ぶためのルールについて知る。

ひとことで言うなら プール遊びを楽しみにして、プールに入る前の準備をする日。

プール遊びが始まります

3歳児 4歳児

みんな水遊びは好きですか？ 水遊びは楽しいですね。今日はプール開きといって、これからプールに入ってもいいですよ、という日です。いよいよプールの始まりです。プールに入る前には体操をしたり、体に水をかけたりして大切な準備がありますよ。暑い日にプールに入ると涼しくなって、気持ちよく過ごせますね。

5歳児

プールに入る準備を忘れないように

今日はプール開きです。これから暑い日にはプールに入りますが、その前にプールの中をきれいにしたり、安全に遊べるように約束することを考えてみましょう。急に水に飛び込むと体がびっくりしてしまいます。プールに入る前には準備運動をして、水をいっぱい体にかけましょう。そして、プールの中でみんなで楽しい遊びをいっぱいしましょうね。

保育の配慮

プールに入れない子には、色水や水鉄砲など、服や靴が濡れずにすむ遊びや、発散できるような遊びの提案をしてあげましょう。水を怖がる子に対しては無理をせず、初めは浅いところで動物のまねをして歩いたり、保育者と手をつなぐなど、安心して楽しく遊べる雰囲気にしてあげてください。段階を追って水に慣れていくような、遊びの工夫があるとよいでしょう。

6月 保護者参観日

ねらい 家族が来園し、自分を見てくれるという安心感や喜びを味わう。自分の思いや考えを表現し、保護者や友だちと一緒に楽しく過ごす。

ひとことで言うなら 園で過ごしているみんなの様子を、おうちの人に見てもらう日。

3歳児 4歳児

おうちの人が見にきてくれてうれしいね

今日は、みんなが園でどんなふうに過ごしているか、おうちの人が見にきてくれる日です。みんなが楽しそうに遊んでいるかな、お友達とどんなお話をしているかな、どんな歌を歌っているのかなって見てくれます。おうちの人に見てもらえてとてもうれしいね！ それじゃあ、おうちの人のほうを向いて、「かっこいいところを見ていてね！」って手を振ってみましょう。

緊張せずに、いつもどおりに

今日は、おうちの人が、園にみんなの様子を見にきてくれる日です。きっと、みんなを見たら、「大きいクラスになって話をするのも聞くのも上手になったなあ」「友だちとも仲よく協力できるのね。立派になったね」って驚くと思います。ちょっとドキドキするかもしれないけど、いつものがんばっているかっこいい姿を、おうちの人に見てもらおうね。

5歳児

保育の配慮

保護者参観日は、お子さんが園で楽しんでいる姿を見て、安心してもらう日です。保育者が一方的に進めるのではなく、子どもたちが発言しやすい雰囲気づくりや、一人ひとりに気を配って、あたたかい気持ちで保育している様子を見せてあげてください。保護者も一緒に参加できるような活動を取り入れるのもよいでしょう。子どもが興奮して危険なことやいけないことをしたときは、普段と同じ態度で子どもを指導し、接することも大切です。

7月

July
文月
ふみづき

- 七夕
- 海の日

七夕

7月7日

> **ねらい** 七夕の由来を知り、星の世界に興味をもつ。七夕飾りを作ったり飾ったりしながら、自分の思いやイメージを表現する楽しさを感じる。

3歳児 / 4歳児

お星さまに願いごとをする日

七夕は、お星さまにみんなのお願いごとをする日なんですよ。みんなはどんなお願いをするのかしら？ お願いごとを短冊に書いて笹に飾ると、風に揺れてとってもきれいですね。お星さまも喜んで、一人ひとりの短冊を見てくれるでしょう。みんなのお願いごともお星さまに伝わって、きっとかなうでしょう。

織姫と彦星が 一年に1度会える日

働きものの織姫と牛の世話をする彦星はとても仲よし！ 二人は結婚したけれど、遊んでばかりいたので、怒った神さまは二人の間に天の川を作り、離ればなれにしてしまいました。二人は一生懸命働いて、やっと一年に1度だけ会うことを許してもらったの。そんな織姫と彦星が会うことができる日が7月7日、七夕の夜なのよ。

Q&A

お星さまはどうして光るの？

空のずーっとずーっと上のほうは真っ暗な宇宙です。でも、お星さまは太陽のように燃えていたり、お月さまのように太陽の光が当たっていたりしているので、私たちにはキラキラ輝いて見えるの。お星さまの輝き方は、強くはっきりしていたり、弱くやさしかったりします。みんなもお星さまを観察してみましょう。

ひとことで言うなら 一年に1度だけ、天の川で織姫と彦星が会える日。

5歳児

夜空の星をながめよう

七夕の夜、天の川の両岸で輝いているのが、織姫星と彦星です。夜空で輝く星には名前がついていて、昔むかしの人は、星をながめながら、いろいろなお話を考えていたんですって。星と星を線で結んでできた形を星座というの。星をつなげるといろいろな絵や形に見えてきて楽しいわね。みんなも夜の空を見上げて、たくさんの星を見てみてね。

みんなの幸せを願って七夕飾りを作ろう

七夕飾りをつける笹には、みんなを病気やケガなどのわるいものから守ってくれる不思議な力があるの。だから昔から、いろいろな事ができるようになりますように、とか、お米や魚がたくさんとれますように、と願って、いろいろな飾りをつけてきたのよ。みんなが作った短冊や飾りも、一つひとつ思いがこもっていてとてもすてきね。さっそくみんなで飾りましょう！ お星さまも輝いて、楽しい七夕祭りになりますね。

成り立ちを知ろう

七夕のもととなる牽牛星（けんぎゅう）と織女星（しょくじょ）の伝説は、中国で生まれました。中国には、機織（はたお）りに励んだ織女にちなんで、機織り、針仕事、詩歌、文学などの技芸の上達を女性が星に願う「乞巧奠（きっこうでん）」という風習がありました。これが日本に伝わり、奈良時代に宮中行事として行われるようになったのです。日本にも、もともと7月7日に巫女（みこ）が水辺で機を織って神さまを迎える「棚機女（たなばたつめ）」という行事がありました。この風習と中国渡来の七夕伝説や乞巧奠が混ざり、現在の七夕行事の形になったといわれています。

7月 7月7日 ● 七夕

行事の風習

七夕飾り

七夕に飾る、青・赤・黄・白・黒の5色の短冊を七夕飾りといいます。この5色は、中国の陰陽五行説にもとづいた色です。七夕の日は願いごとを書いた短冊や飾りものを笹竹につるし、軒先に飾ります。

写真：新田健二

吹き流し
機織りが得意だという、織女の織り糸にちなんでいます。

紙衣
身代わりにうつすことで病気や災害をはらい、同時に裁縫の上達を祈ります。

七夕送り

七夕の翌日、七夕飾りを海や川に流す風習。これらは、笹に心身のけがれをうつして流し、身を清めるという意味があります。

七夕の星伝説

わし座のアルタイル（牽牛星）と、こと座のベガ（織女星）が天の川をへだてて向き合っています。旧暦7月7日の夕方から深夜にかけて、天の川が南北に走って真南の線上に月がかかります。月の明るさにより、一年に1度だけ天の川が見えることから、彦星と織姫が会うことができるといわれているのです。

わし座のアルタイル（牽牛星）、こと座のベガ（織女星）、白鳥座のデネブを結ぶ三角形を「夏の大三角形」といいます。

7月 第3月曜日

海の日

ねらい さまざまな海の恵みに感謝の気持ちをもつ。日本が海に囲まれていることを知り、自然環境を大切にする気持ちを育む。

ひとことで言うなら 海に興味をもち、海からの贈りものに感謝する日。

3歳児 4歳児

海の生き物をさがそう

海にはどんな生き物がすんでいるのかしら？ 小さなお魚や大きなお魚、エビやカニ、貝や海草、イルカやクジラ。海の中ではたくさんの生き物たちが暮らしています。海の生き物たちはどうやってご飯を食べるのかな？ 夜はどんなふうに寝るのかな？ 知りたいことがたくさんあるわね。海のなかまたちが生きていくために、海を大切にしていきましょう。

日本は海に囲まれているね

みんなが住んでいる日本は、海に囲まれている島国です。昔から日本人は、海で魚や貝をとって食べたり、釣りや海水浴をしたりしながら、海と仲よく暮らしてきました。港では、たくさんの船が行き来して、食べものや洋服など、みんなの暮らしに必要なものを運んでいます。港からは、船に乗って外国に行くこともできるのよ。「海の日」は海に感謝する日です。大切な海を汚さないようにしましょうね。

5歳児

成り立ちを知ろう

外国からの文化伝来はもちろん、交通や産業、生活を通じて日本人は海と深いつながりをもってきました。1941年（昭和16年）に7月20日を「海の記念日」と定めました。1996年（平成8年）から名前を「海の日」とし、「海の恩恵に感謝するとともに、海洋国日本の繁栄を願う」ことを趣旨とした国民の祝日になりました。海の役割や海洋汚染を防ぐことを考える日で、2003年（平成15年）からは7月の第3月曜日に変更となっています。

子どもに話せる ひとこと 12星座占い

「みんなは自分の星座って知ってる？ 誕生日によって、星座が決まっているのよ」という話をして、その星座の特徴を紹介しましょう。

牡羊座 3/21～4/20
いつも元気に飛び跳ねている牡羊座は、いろいろなことに挑戦したいという冒険心がいっぱい。明るく楽しい性格で、すぐに人と仲よくなれます。友だちから頼られるリーダーです。

牡牛座 4/21～5/21
おっとりしていて、マイペースな性格。友だち思いのやさしい心をもっています。友だちと仲よくすることがじょうずで、ケンカはきらいです。ちょっぴり欲ばりなところもあります。

双子座 5/22～6/21
いつもいろいろなことに興味をもっていますが、飽きっぽいところもあります。頭がよくて、どんなことでもじょうずにできるので、みんなから頼りにされることがよくあります。

蟹座 6/22～7/22
素直な性格で、だれにでも親切で、困っている人たちを放っておけないやさしい性格の持ち主です。絵を描いたり、ものを作ることが得意です。少し怒りっぽいところもあります。

獅子座 7/23～8/22
明るくてにぎやかな性格の獅子座は、いつもまわりにたくさんの友だちがいます。みんなのまとめ役で負けずぎらいですが、ひとりぼっちが苦手なので寂しがりやなところもあります。

乙女座 8/23～9/23
何にでもコツコツと根気よく、一生懸命にとりくむ乙女座。片づけが得意で、とてもきれい好きな性格です。悪いことや間違ったことがきらいな、まじめできちんとした性格です。

天秤座 9/24～10/23
だれとでも同じように仲よくできるので、友だちから好かれます。頭がよく、ロマンチックな性格。何かを決めたり、どちらかを選んだりするのがちょっと苦手なところもあります。

さそり座 10/24～11/22
やさしい心の持ち主で、うそをつくことがきらい。仲のいい友だちをとても大切にします。一見おとなしそうに見えますが、本当は慎重で粘り強い、しっかりした性格です。

射手座 11/23～12/21
小さなことにくよくよしない、広い心の持ち主です。明るくておもしろい話をするのが得意です。困った友だちを見ると、進んで助けてあげようとするやさしい性格です。

山羊座 12/22～1/20
とても努力家で、まじめな性格の持ち主。なんでも途中で投げ出さずに、最後まできちんとやり遂げようとするしっかりものです。おどけたひょうきんなところもあります。

水瓶座 1/21～2/18
おしゃれで、いろいろなことに興味をもっています。いろいろなタイプの友だちと遊ぶことが好きです。マイペースで、人と同じことをするのがきらいな個性的な性格の持ち主です。

魚座 2/19～3/20
やさしくてとてもロマンチックな心をもっています。誰にでも親切にするので、みんなから好かれる性格です。でも、頼まれるとイヤとは言えない、お人よしなところもあります。

8月

August
葉月
は づき

- お泊まり会
- 夏祭り
- 原爆の日
- 山の日
- お盆
- 終戦記念日

8月 お泊まり会

ねらい 家庭から離れて園に泊まり、先生や友だちと過ごすことを楽しむ。友だちと協力しながら活動し、自立心を養う。

ひとことで言うなら 先生や友だちと一緒に楽しくお泊まりする日。

料理やお風呂、みんなでやると楽しいね

5歳児

お父さんやお母さんと離れて、先生や友だちと園でお泊まりをします。みんなで料理を作ったり、キャンプファイヤーをしたり、お風呂に入ったり、楽しいことがたくさんありますよ。もしかしたら少し心配な子もいるかな。でも、先生やお友だちが一緒だから大丈夫ですよ。困ったことがあったら先生が助けますから、安心してくださいね。みんなで楽しく過ごしましょうね。

助け合って、いろんなことをやってみよう

お父さんやお母さんと離れても大丈夫になってきた5歳児クラスのみなさんが、園でお泊まりをします。お料理を作ったり、お布団を敷いたり、いつもはおうちの人がやっていることも、先生やお友だちと力を合わせてやります。着替えやお風呂も、自分でできることはやってみましょう。もしできないことがあって困ったら、先生が助けてあげますよ。初めてのことも、みんなで助け合って挑戦してみましょう。

保育の配慮

家を離れ、違う場所に泊まるということは、子どもにとっての自立でもありますし、おうちの方にとっても子離れをする機会でもあります。子どもは不安をもちながらも気持ちが高揚して興奮しているので、ゆったりと落ち着いたなかで楽しめる内容を計画しましょう。もちろん、安全面への配慮も大切です。お泊まり会のあとの子どもたちは、ひと回り成長していることでしょう。

夏祭り

ねらい 地域の人たちや家族と一緒にお祭りに参加し、暑い夏を元気に過ごせるように祭りを楽しむ。

ひとことで言うなら 暑い夏を元気に過ごすためのお祭り。

楽しい夏祭りにしましょうね

明日は園で夏祭りをします。お祭りには、お父さん、お母さん、そしてお客さんを招きたいと思います。園庭にお店屋さんを開いたり、みんなが作ったおみこしをかついだりするのよ。夜には浴衣を着て、盆踊りをします。楽しいことがたくさんありますよ。みんなが暑い夏を元気に過ごせますように、というお祭りなんです。

みんなと協力しておみこしを作ろう

今年もみんなでおみこしを作ります。去年は○○のおみこしを作ったけれど、今年はどんなおみこしを作りましょうか？ みんなのアイデアをたくさん出し合いましょうね。お友だちと協力して楽しく作れば、とってもすてきなおみこしになりますよ。そして夏祭りの日に力を合わせて、元気よくワッショイと担ぎましょう。

保育の配慮

お祭りには、非日常的な晴れがましさがあるので、気持ちが高まります。子どもたちにとって園で行う夏祭りも同様で、いつもと違う園庭や魅力的なお店に、驚きとともに興奮することでしょう。安全に気をつけると同時に、お祭りをするにはたくさんのおとなたちの協力があることを伝え、感謝する心も育みましょう。

8月 8月6日（広島）・9日（長崎）
原爆の日

ねらい 昔、日本が戦争をして、広島と長崎に原子爆弾を落とされ、多くの人が亡くなったことを知る。その恐ろしさを忘れず、戦争のない平和な世界をつくることを考える。

ひとことで言うなら 日本の広島と長崎に原子爆弾が落とされ、多くの命が奪われた日。

国どうしがケンカをしないように

3歳児 4歳児

昔、日本はよその国と戦争をしました。戦争というのは、国どうしがケンカをすることです。そして、原子爆弾という恐ろしい爆弾が日本に落とされ、たくさんの人が亡くなりました。ケガをしたり病気になった人も大勢います。みんなはケンカをしたら、どんな気持ちになりますか？　いやな気持ちや悲しい気持ちになりますね。国と国のケンカも同じです。国と国のケンカのない世界にしたいですね。

1個の爆弾でたくさんの命が奪われた日

5歳児

今から70年以上前、戦争をしていた日本では、8月6日に広島に、9日には長崎に、原子爆弾というとても恐ろしい爆弾が落とされました。たった1個の爆弾で何十万人もの人が吹き飛ばされて死んだり、大やけどをしたりしました。あとで病気になった人も多くいます。原爆が落とされたのは、世界で日本だけです。だから、悲しい戦争のことを忘れず二度と原爆で人が苦しまないように、みんなで世界の平和を考えていきましょう。

成り立ちを知ろう

日本は太平洋戦争により、1945年（昭和20年）8月6日に広島、8月9日に長崎に、相次いで原子爆弾を投下されました。世界で初めて原子爆弾の犠牲となった広島では15万人以上、長崎では7万人以上の人々が命を落としました。原爆の日には、亡くなった人々への追悼と、恐ろしい原子爆弾が二度と使われることがないように世界の平和を祈る式典が行われています。

8月 8月11日 山の日

ねらい 山に親しみ、山の恩恵が自分たちの生活と深く結びついていることを知り、感謝する日。山との関わりを通して、山や自然を大切にする気持ちをもつ。

ひとことで言うなら 山に親しみ、「ありがとう」と感謝をする日。

3歳児 4歳児

山と遊び、山と仲よくなる日

みんなは山に行ったことがありますか？ 山登りやピクニック、キャンプをしたことがあるお友達もいますね。山には木や草がたくさん生えていて、大きな木にはセミやバッタやカブトムシなどの昆虫や小鳥や動物が、そして川や湖にはお魚たちもいるんですよ。虫取りやお花摘み、水遊びなど、山のおいしい空気を吸って遊ぶと、みんなの心も体も元気になりますよ。「お山さん、大好きだよ。ありがとう」の気持ちで、山を大切にし、仲よくしてくださいね。

5歳児

山に「ありがとう」を伝え、考える日

みんなが住んでいる「日本」にはたくさんの山があります。家のまわりからも山が見えるでしょう。山には森や川、湖がありますね。そこに動物や昆虫がいて、木や草も育っています。山に雨が降ると、森はたくさんの雨を蓄え、湖は水を貯め、川は遠い海まで流れていきます。山は海ともつながり合って私達や生き物に恵みを届けてくれるのですね。山をこれからも大切にしようという気持ちを大事にしましょう。

成り立ちを知ろう

山の日は、2014年（平成26年）に山に親しむ機会を得ることで山のめぐみに感謝をしようという趣旨で設けられました。この日が選ばれた理由はいくつか考えられていますが、夏なので山へ登りやすい、行きやすい、ということ。また8月の八は山の形に似ていて、11日の11は木が生えているように見えるなどの説があるようです。山をイメージしながら遊びを楽しんだり、山や自然に親しみをもつきっかけにしたい日です。

8月 8月13日～16日ごろ お盆

> **ねらい** 先祖や自分の身近で亡くなった人の魂を家に迎える行事であり、お墓参りや迎え火、盆踊りなど、地域や家庭にかかわるさまざまな風習があることを知る。

ご先祖さまをお迎えする日

3歳児 4歳児

みんなが生まれてきてここにいるのは、たくさんのご先祖さまがいるからなんですよ。ご先祖さまというのは、みんなのおじいさんのお父さん、そのまたお父さんというふうに、みんなとつながっているけれど、もう亡くなった人たちのことです。普段は空にいらっしゃるご先祖さまは、家族のみんなが健康で元気に過ごせるように、いつも見守ってくれているの。お盆は、そんなご先祖さまをおうちにお迎えする日です。お部屋を飾ったり、お花やお菓子をお供えしたりして、感謝の気持ちを込めてお迎えするのよ。

盆踊りで楽しくにぎやかに

おうちにお迎えしたご先祖さまが楽しく過ごせるように、みんなで集まってにぎやかに踊るのが盆踊りです。みんなもおじいちゃんやおばあちゃん、ご近所の方に教えていただいて踊ってみましょうね。みんなの楽しそうな笑顔を見て、ご先祖さまも喜んでくださることでしょう。

Q&A
キュウリとナスで動物を作るのはどうして？

キュウリは馬、ナスは牛を表しているのよ。馬は走るのが速くて牛はゆっくり歩くわね。お盆のとき、ご先祖さまはお空からみんなのところにやってきます。「来るときはキュウリの馬で、早くおうちに来てください」「帰りはナスの牛に乗って、ゆっくりお帰りください」という気持ちを伝えるために、作っているんですよ。

まめ知識
盆踊りの由来

お盆の時期に行われる盆踊りは、この世に戻ってきた精霊を迎えて慰めるための踊りです。笛や太鼓や三味線でにぎやかな音を奏で、先祖への感謝や生きている喜びを表しています。また、自らの災厄をはらう目的があるともいわれています。全国的に有名な盆踊りとして、徳島県の阿波踊りや、岐阜県の郡上踊り、沖縄のエイサーなどがあります。

| ひとことで言うなら | ご先祖さまをお迎えして、感謝の気持ちを伝える日。 |

5歳児

ご先祖さまに感謝の気持ちを伝えよう

みんなの命は、たくさんのご先祖さまたちから受け継がれてきたものなの。みんながこの世の中に生まれてきて、たくさんの楽しいことや大好きな友だちに出会えるのは、ご先祖さまが守ってくださっているおかげなのよ。お盆は目には見えないご先祖さまに、心のなかで、「いつも見守ってくださってありがとうございます」と思いながらお迎えする日なんです。

心を込めてお供え物を

お盆を迎えるときに、キュウリやナスで作った動物をお供えすることがあります。これはご先祖さまが、キュウリの馬に乗って早く家に戻り、ナスの牛に乗ってゆっくり空へお帰りくださいという意味があるの。ほかにも、蓮の花やお菓子、くだものなど、いろいろなものをお供えします。ご先祖さまにお供え物をするときには、丁寧に心を込めてしましょうね。

成り立ちを知ろう

お盆は、お釈迦さまの弟子である目連（もくれん）が、餓鬼道（がきどう）（生前に悪行を働いた人間が落ちるという死後の世界）に落ちて苦しんでいる亡き母を救うため、お釈迦さまの教えに従い、旧暦7月15日に多くの僧侶を呼んでご馳走し、供養をした盂蘭盆会（うらぼんえ）の略といわれています。先祖の霊をまつる行事で、もとは旧暦7月13～16日に行われていたことから、現在でも地方によっては7月に行うところがあります。

8月 8月15日 終戦記念日

> **ねらい** 70年以上前、日本が戦争をやめることを約束した日であることを知る。世界中で多くの人を苦しめた戦争の恐ろしさ、世界中の人と仲よくすることの大切さを考える。

> **ひとことで言うなら** 70年以上前、日本が長い間続いた戦争をやめましょうと約束した日。

3歳児 4歳児

戦争をやめると決めた日

日本は昔、戦争をしていました。戦争というのは、考え方が違ったりして国どうしがケンカをすることです。自分が正しいと思って戦争を始めても、戦争した国では多くの人が亡くなってしまいます。住む場所や食べるものがなくなったり、病気やケガに苦しむ人もいます。そんな戦争をもう終わりにします、と約束したのが終戦記念日です。

5歳児

戦争は世界中のたくさんの人を苦しめます

戦争は武器を持って国と国が戦うことで、日本だけでなく世界中でたくさんの人が亡くなりました。家族や大切な人を亡くした人たちはどれほど悲しかったことでしょう。8月15日は戦争が終わった日です。「二度と戦争をしません」ということを決めた日です。そして戦争で亡くなった人たちに「もう戦争はしませんから安らかにお眠りください」とお祈りする日なんですよ。

成り立ちを知ろう

日本は1945年（昭和20年）8月14日、ポツダム宣言を受諾し、翌15日の正午、太平洋戦争における日本の敗戦と降伏が昭和天皇によって国民にラジオ放送（録音）で発表されました。事実上、満州事変から15年間にもわたって続いた戦争が終わったのです。1982年（昭和57年）に、「戦没者を追悼し平和を祈念する日」となり、毎年「全国戦没者追悼式」が行われています。

9月

September
長月
<small>なが つき</small>

- 防災の日
- 動物愛護週間
- 敬老の日
- 十五夜
- 秋分の日

9月 **9月1日**

防災の日

> **ねらい** 地震や台風などの自然災害で、経験したことや感じたことについて話し合う。防災訓練に参加し、安全に避難する方法や命を守ることの大切さを知る。

3歳児 4歳児

地震が起こったらあわてずに

グラグラグラ！っと急に地面が揺れるのを地震といいます。地震のときあわてて外に飛び出すと、ケガをしてしまうこともあります。もし地震が起こったら、そばにいるおうちの人や先生のお話をよく聞いてくださいね。今日は、地震が来ても安全に逃げることができるように、みんなで練習をしておきましょうね。

地震や台風から身を守る練習をします

地震が起きると、地面がグラグラ揺れてびっくりするわね。台風は知っているかしら？ 台風が来ると強い風と雨で、山が崩れたり、川の水が急に増えてあふれ出して木や建物が押し流されてしまうことがあります。もし、地震や台風が来ても大丈夫なように、安全な場所に逃げる練習をしておきましょうね。

Q&A

どうして地震は起こるの？

3歳児・4歳児 体を動かさないで長い間じーっとしていると、「動きたい」って気持ちになるよね。地球も同じ。地面の下の岩がグンと伸びをするから、地面が揺れるんですよ。

5歳児 地震が起きると、地面がグラグラ揺れるわね。そのわけは、地球の深いところにある「プレート」という大きな岩にゆがみがたまっていて、ゆがみを直そうと動くの。それが、地震が起きる原因なんです。

| ひとことで言うなら | 地震や台風などの自然災害から命を守るために避難訓練をする日。 |

5歳児

準備や対策をしっかりと

みんなが住んでいる日本は、地震や台風などがとても多い国です。もし地震や台風が来てもあわてることがないように、安全な場所に逃げる練習をしておくことがとても大切です。とくに地震はいつ起こるかわかりません。おうちでも、地震で揺れたときに、何か倒れてこないかな？　どこに避難するのが安全かな？と、いろいろ考えておきましょうね。

関東大震災という大きな地震

今から100年以上前の9月1日に、関東大震災というとても大きな地震がありました。この地震では家が倒れたり、火事になったりして、たくさんの人が亡くなってしまったの。もうそんな悲しいことにはならないように、9月1日を防災の日と呼んで、地震のときの逃げ方や、人を助ける方法などの練習をすることにしました。この練習は防災訓練といって、一人ひとりの大切な命を守るために、とても大事なことなのよ。

成り立ちを知ろう

1923年（大正12年）9月1日午前11時58分、マグニチュード7.9の大地震が関東地方を襲い、死者、行方不明者は10万5000人を超えました。その多くは火災によって命を落としたといわれています。この関東大震災を忘れずに日ごろから災害に備えようと、1960年（昭和35年）に防災の日として制定されました。このころに台風の被害が多いことも、理由の一つです。毎年この日に、全国各地で防災訓練が行われています。

9月 9月20日〜26日 動物愛護週間

> **ねらい** 身近な動物とのふれ合いを通して、動物への愛情を感じる。人間と動物の違いに気づき、動物を育てるうれしさや難しさについて話し合う。

3歳児 4歳児

動物を大切にしよう

みんなのまわりにはどんな動物がいるかしら？　園にはウサギや小鳥もいるし、おうちで犬や猫を飼っている人もいるわね。動物たちは、みんながそばに行くととてもうれしそう。それは、みんなが動物たちにいつもやさしくしているからなのよ。みんなも動物に触ったり、お世話をするとやさしい気持ちになりますよね。これからもみんなで動物をかわいがりましょうね。

動物とふれ合うときの注意

みんなはどんな動物が好きかしら？　園にも動物がいます。動物と一緒に遊んだり、お世話をするのはとても楽しいですね。動物と遊ぶときには、一つ約束があるの。それは、動物と遊ぶ前と遊んだあとは、手を洗ってうがいをすることです。動物たちもみんなも病気にならないためにとても大切なことなので、忘れずにしましょうね。

Q&A

動物どうしでも、お話しするの？

動物たちも、きっとお話ししていると思うわよ。人間みたいな言葉は使わないけれど、鳴き方や動き方、目と目を合わせたり、においをかいだりして、動物たちだけがわかり合う方法があるんじゃないかしら。もし、人間のように動物が言葉を話せたら、何を言っているか知りたいわね。

> **ひとことで言うなら** 動物を大切にすることについて、みんなで考える一週間。

5歳児

心を込めて動物の世話をしよう

園の動物たちが、やさしい顔をしているのはどうしてだかわかる？　それは、みんなが飼育当番で、小屋のお掃除をしたり、お水を取り替えたり、毎日お世話をしてくれるからなのよ。動物たちのお世話は大変だけれど、みんなが心を込めて続けていることを、動物たちもちゃんとわかっているのね。

「元気がないみたい」

動物と人間はいろんなところが違うね

わたしたち人間は、お話をすることができるけれど、動物は、人間とは違って、思っていることを言葉で伝えることができないの。だからみんなが、動物の顔や体の様子をよく見て、何かあったときは助けてあげましょうね。おなかはすいていないかな？　病気はないかな？　みんなのやさしい気持ちは動物にも必ず伝わって、もっと仲よくなれると思います。

成り立ちを知ろう

100年ほど前にアメリカで始まった愛護運動が日本に伝わり、1927年（昭和2年）に当時の昭憲皇太后の誕生日である5月28日から一週間行われたのが始まりです。その後、1973年（昭和48年）に、「ひろく国民の間に命あるものである動物の愛護と適正な飼養についての関心と理解を深めるようにする」ことを目的とし、9月20〜26日が「動物愛護週間」と定められました。期間中は、全国各地で動物慰霊祭など、さまざまなイベントが開催されます。

まめ知識

動物を飼うようになったのはいつから？

1万2000年前のイスラエルの遺跡に老人と子犬が埋葬されていたことから、犬は1万年前には人間と一緒に暮らしていたと考えられています。古代エジプトで人間に飼われるようになった猫は、仏教が伝来した時代に中国から日本に持ち込まれました。一般家庭で飼われるようになったのは江戸時代からといわれています。

9月

9月 第3月曜日

敬老の日

ねらい 自分のまわりにいる祖父母やお年寄りとのふれ合いを通して、心のつながりを感じ、あたたかい気持ちをもつ。お年寄りに対して自分ができる手助けについて考える。

3歳児
4歳児

祖父母への感謝の気持ちを伝えよう

みんなのおじいちゃんやおばあちゃんは、みんなが生まれてくることをとても楽しみに待っていらしたの。みんなが赤ちゃんのころから、歩いたり、お話しできるようになったことの一つひとつを、お父さんやお母さんと同じように喜んでくれました。大きくなったみんなから、おじいちゃんおばあちゃんに「いつもありがとう」の気持ちを伝えましょうね。それが敬老の日です。

いろんなことを教えてもらおう

おじいさんやおばあさんは、いろいろなことを知っている物知り博士なの。みんなよりも長い時間生きてこられたので、草や花、虫の名前もたくさん知っています。困ったことも、一緒に解決してくれる強い味方なの。お手玉やあやとり、けん玉や竹とんぼ。昔からのおもしろい遊びもたくさん知っていますよ。一緒に遊んで、いろいろなことを教えてもらいましょうね。

保育の配慮

祖父母は、孫である子どもたちのことを「いつもあたたかく見守ってくれている」存在であることを伝えましょう。また、身内に限らず、子どもたちが地域や近所のお年寄りに感謝の気持ちがもてるようになるといいですね。また、祖父母が遠方に住んでいて会う機会が少なかったり、亡くなっているなど、家庭環境はさまざまです。子どもたち一人ひとりの事情に柔軟に対応する必要があります。

| ひとことで言うなら | お年寄りが長生きをしていることをお祝いして、感謝の気持ちを伝える日。 |

5歳児 道路や電車で困っていたら助けてあげよう

おじいさんやおばあさんは、世の中の人のために、若いころからたくさん働いてくれました。歳を取ると、耳が聞こえにくくなったり、何かをするのに、若い人よりも時間がかかったりすることがあるのよ。もし街で困っているお年寄りを見かけたら、「お手伝いできることはありませんか？」と聞いてみましょう。席を譲ったり、荷物を持ったりするみんなのやさしさが、お年寄りの心をあたたかくします。

いつまでも元気で過ごせるように

日本は、長生きする人が世界でいちばん多い国です。おじいさん、おばあさんたちは、子どもたちが大好きです。それは、元気いっぱいのみんなと一緒にいると、心がワクワクしてきて、幸せな気持ちになるからなの。みんなの笑顔は、おじいさん、おばあさんが、いつまでも元気で過ごせる魔法の力になるのよ。

成り立ちを知ろう

1966年（昭和41年）に定められた「多年にわたり社会につくしてきた老人を敬愛し、長寿を祝う」ことを趣旨とした国民の祝日です。以前は9月15日でしたが、2003年（平成15年）から9月の第3月曜日になりました。敬老の日の由来は、9月15日に聖徳太子が大阪の四天王寺に「悲田院」という身寄りのない老人、病人、貧しい人を助ける施設を開いたからと伝えられています。長寿国であり、高齢化社会を迎える日本では、高齢者を敬い、高齢者福祉について理解を深める大切な日といえます。

9月

9月下旬～10月上旬ごろ

十五夜

> **ねらい** 月の美しさや月見の風習を知り、だんご作りやススキを飾るなど、月見にまつわる行事に興味をもって参加する。

3歳児 4歳児

きれいなお月さまが見える日

暑かった夏が終わって、気持ちのいい風が吹く秋になると、空が澄んで、一年でいちばんきれいなお月さまを見ることができます。お月さまはいろいろな形に見えるけれど、いちばんまん丸の満月が見える日のことを十五夜といって、家族みんなでお月見をするのよ。今年の十五夜も、きれいなお月さまが見えるといいわね。

月の形は
少しずつ変わります

みんなはお月さまを見たことがあるかしら？ お月さまはまん丸だったり、三日月だったり、いろいろな形をしているわね。細いお月さまがだんだん丸くなってきてまん丸になると、今度はまた少しずつ細くなっていきます。お月さまは、毎日少しずつ違う形になってとても不思議ね。今日はどんなお月さまに会えるかしら？ 夜になったら、みんなもおうちの人と一緒に空を見上げてみましょうね。

お月見だんごやススキを飾るのはどうして？

秋は、お米やおいもなど、おいしいものがたくさん収穫できる季節なの。「おいしいものがたくさんあるから幸せです。みんなで分け合っていただきましょう。お月さまも一緒にいかがですか？」っておだんごを供えたり、稲の穂に似ている秋の草花のススキを飾るんですって。まん丸おだんごは、まあるいお月さまによく似ているわね。

| ひとことで言うなら | 月が一年中でいちばんきれいに見える日。 |

5歳児

中秋の名月を眺めよう

空がとてもきれいな秋になりました。昔から日本では、月が一年中でいちばんきれいに見える日のことを「中秋の名月」といって、ススキやおだんご、今年とれた野菜やくだものをお供えして、月を眺めながら、秋の夜を楽しく過ごしてきました。みんなも十五夜にはススキやおだんごをお供えして、きれいなお月さまを眺めてみましょうね。

月の模様は何に見える？

夜の空で輝く月に、模様があるのは知っているかしら？ 日本では、ウサギがおもちつきをしているように見えるといわれているの。大きなカニや女の人の横顔に見えるという国もあるのよ。月はどんなところかな？と、昔から世界中の人たちが月を眺めながらいろいろなお話を考えて、夢をふくらませてきたのね。みんなにはどんなふうに見えるかしら？

成り立ちを知ろう

十五夜は一年間のうちでもっとも月が美しいとされ、旧暦の8月15日の夜に月を愛でる風習があります。中国の行事がもともと日本にあった収穫を祝う行事と合わさり、平安時代に貴族の間に広まりました。旧暦の秋が7～9月とされていたことから「中秋の名月」、ススキや月見だんごなどのほかに、収穫されたばかりのいもを供えることから「芋名月」とも呼ばれています。

まめ知識

月食はなぜ起きるの？

月が欠けて見える月食は、地球が太陽と月の間に来て一直線に並び、太陽の光をさえぎるために起こります。通常は一年間に1～2回起こりますが、起こらない年や3回起こる年もあります。また、地球によって月が完全に隠れてしまう現象を「皆既月食（かいき）」といいます。

9月 — 9月23日ごろ

秋分の日

ねらい 日差しや風、気温の変化などから、夏から秋への季節の移り変わりを感じる。秋分の日は昼の時間と夜の時間が同じであることを知る。

ひとことで言うなら 夏から秋へと季節が変わり、昼の時間と夜の時間が同じになる日。

3歳児 4歳児

秋を見つけよう

このあいだまでとても暑かったけれど、いつのまにか涼しい風が吹いてきましたね。季節が夏から秋に変わってきたからです。葉っぱの色が変わったり、空にはおもしろい形の雲が浮かんだり、いろいろな虫や、みんなの大好きなドングリもたくさん見つかるかもしれないわね。さあ、みんなで秋を見つけにいきましょう。

成り立ちを知ろう

この日を中心とした一週間が秋の彼岸であることから「祖先をうやまい、なくなった人々をしのぶ」ことを趣旨として、1948年（昭和23年）に国民の祝日として定められました。二十四節気の一つでもある秋分の日は、太陽が真東から昇って真西に沈む日で、昼夜がほぼ同じ長さになります。秋分を過ぎると残暑も少しずつやわらぎ、冬に向けてだんだんと夜が長くなっていきます。秋分の日は、国立天文台の観測結果をもとに計算するため、年によって日にちが変わることもあります。

5歳児

昼と夜の長さが同じになる日

暑い夏には太陽が大活躍！ 夕方になってもなかなか暗くならなかったわね。秋分の日は、昼と夜の時間が同じになる日です。この日を過ぎると、少しずつ夕暮れが早くなって、夜の時間が長くなってきます。日差しもおだやかになって、気持ちのいい風が吹くと、いよいよ秋の始まりです。秋になると空や雲や木の葉っぱといったみんなのまわりのいろいろなものが、今までとは少し違って見えてきますよ。楽しみですね。

まめ知識

「おはぎ」と「ぼたもち」の違いは？

秋に食べるものを「御萩」、春に食べるものを「牡丹もち」といい、「おはぎ」と「ぼたもち」は、実はどちらも同じものです。秋は萩、春は牡丹と季節に応じた花にちなんで呼び分けられています。

10月

October
かんなづき
神無月

- 赤い羽根共同募金運動
- 衣替え
- スポーツの日
- 運動会
- 目の愛護デー
- リサイクルの日
- 読書週間
- ハロウィン
- いも掘り

10月 10月1日～翌年の3月31日
赤い羽根共同募金運動

> **ねらい** 世の中には障害のある人や困っている人がいることを知る。その人たちを助ける方法を考えたり、実際に活動して、思いやりの気持ちを培う。

困っている人のために募金をします

みなさんは募金って知っていますか？「困っている人を助けるために、みんなでお金を出し合いましょう」というのが、募金です。集まったお金は、体の不自由な人や、お年寄りに車いすを贈ったりするのに使われます。少しのお金でもたくさんの人から集まると、とっても大きな力になって、手助けができるのよ。みなさんのやさしい気持ちが、困っている人たちに届くといいですね。

3歳児
4歳児

みんなで力を合わせることが大切

みなさんは、おみこしを知っていますか？　○○神社のお祭りで、ワッショイワッショイと大勢の人たちが担いでいましたね。大きくて重いおみこしは一人では担げないけれど、何人もの人たちが力を合わせると担げますね。赤い羽根の共同募金も同じ。みんなのやさしい気持ちが集まって、困っている人を助ける大きな力になります。

Q&A

どうして赤い羽根をつけるの？

赤い羽根は、「助け合い、思いやり、幸せのしるし」として、昔から世界中で使われてきたものです。募金をした人は、「募金をしてくれてありがとう」という感謝のしるしとして、赤い羽根を胸につけてもらえます。

まめ知識

ボランティアの人たちが支えています

赤い羽根共同募金は、募金を呼びかける人も募金する人もすべてボランティアです。募金活動は全国のたくさんの人たちによって支えられています。また、カナダやアメリカなど、世界の40か国以上で、同様の活動が行われています。

| ひとことで言うなら | 困っている人を助けるために、自分にできることをすること。 |

5歳児

助け合いの気持ちをもとう

この前起きた○○地震を知っていますよね。家が壊れてしまったり、道路にひびが入って車が通れなくなったり、被害にあわれた人たちは本当に困っています。先生も今すぐお手伝いがしたいと思いましたが、遠くて行くのは難しいの。そこで、困っている人たちの助けになるように、お小遣いの中から募金をしました。赤い羽根の共同募金も同じで、お互いに助け合う気持ちから始まったそうです。

困っている人たちのためにできることを考える

困っている人たちを助ける方法は、募金のほかに何があるかを考えてみましょう。たとえば、みんなで育てた朝顔の種を送ったら、喜んでもらえるかもしれないわね。励ましのお手紙や絵を描くのもいいんじゃないかしら。元気づける方法が、きっといろいろとあると思います。みなさんも、困っている人が園や街にいたら、助けてあげてくださいね。

成り立ちを知ろう

戦後、日本には戦争で家が焼けてしまった人や、両親を亡くした子ども、体が不自由な人がたくさんいました。1947年（昭和22年）、アメリカ人のフラナガン神父が「困っている人のために助け合おう」と呼びかけ、アメリカ式の募金運動が始まりました。その後、1951年（昭和26年）に設けられた中央社会福祉協議会により、全国的な活動となり、歳末たすけあい募金や災害募金とあわせて全国一斉に行われるようになりました。「赤い羽根」は寄付をした人がつける共同募金のシンボルで、不要になった鶏の羽根が使われています。集まったお金は、高齢者や障害者福祉の充実、また児童施設の整備などのために役立てられています。

10月 10月1日 衣替え

ねらい 気温や身近な自然の変化に気づき、季節の移り変わりに興味をもつ。衣服によって、自分で温度調節できることを知る。

ひとことで言うなら 寒くなってくるので、あたたかい冬帽や冬服に替える日。

季節に合った服を着ましょう

プール遊びをした夏は、暑くて半袖を着ていましたね。でも、これからだんだん寒くなると、セーターが必要な冬になります。夏に着ていた半袖をしまって、冬用の長袖の服を用意することを、「衣替え」といいます。まだ暑いと思う日は半袖を着て、寒くなればセーターを着て、暑さや寒さに合わせて洋服を選びましょうね。

3歳児 4歳児

5歳児

気温に合わせて、自分で洋服を選んでみましょう

10月1日は衣替えです。制服や帽子が、この日から冬用に替わります。季節に合わせて洋服を替えますが、まだ暑くて汗をかく日もあるでしょう。日によって気温の変化があるので、暑さや寒さに合わせて今日はどんな服を着たらいいか自分で考えてみましょう。そうすると暑くも寒くもなく気持ちよく1日が過ごせて、風邪もひかないですよ。

保育の配慮

10月になれば、3歳児でも着替えがスムーズになってきます。しかし、ボタン留めには個人差があり、自分ではできない子もいるので、保育者がやって見せながら援助しましょう。また、たたまずにしまう子がいる場合は、きちんとたたむと気持ちよいこと、着替えるときに着やすくなることなど、秩序性についても伝えられるといいですね。

成り立ちは41ページ

10月 スポーツの日

10月 第2月曜日

ねらい 成り立ちや、青空の下で体を動かすことの楽しさを知る。運動が健康な心身をつくることを知り、運動することが好きになる。

ひとことで言うなら さわやかな秋に体を動かして、健康な体をつくりましょうという日。

体をたくさん動かしましょう

3歳児 4歳児

みんなは体操やダンスが大好きよね。みんなが楽しそうに体操やダンスをしているのを見ていると、先生も楽しくなります。そのほか、かけっこをしたりジャングルジムに登ったり、体を動かすことは本当に気持ちがいいですね。外で体をたくさん動かすと、病気に負けない丈夫な体ができるのよ。青空の下でみんなで体を動かして、健康な体をつくりましょう、というのが「スポーツの日」です。

5歳児

いろいろなスポーツに挑戦しよう

1964年の10月に、日本で「東京オリンピック」が開催されました。そのことを記念して、「体育の日（今のスポーツの日）」ができました。みなさんは、どんなスポーツが好きかな？ サッカー、野球、柔道、テニスなど、たくさんのスポーツがありますね。かけっこや縄跳びも、スポーツの一つですよ。好きなスポーツを見つけて体を動かしてみましょう。

成り立ちを知ろう

1964年（昭和39年）10月10日に東京オリンピックの開会式が行われたことを記念し、1966年（昭和41年）に「スポーツにしたしみ、健康な心身をつちかう」ことを趣旨として、10月10日が「体育の日」として国民の祝日に定められました。2000年（平成12年）、法律改正により10月の第2月曜日に変更され、2020年（令和2年）からは「スポーツの日」と改称することになりました。

10月 運動会

ねらい 友だちと一緒に参加することを楽しみ、運動する心地よさを味わう。最後までがんばり、みんなで力を合わせる充実感を知る。

【前日まで】楽しい運動会にしましょう　**3歳児・4歳児**

明日はみんなが楽しみにしていた運動会ですね。きっとおうちの人や、おじいちゃん、おばあちゃんも、「どんなダンスをするのかな？」「元気にかけっこできるかな」と、楽しみにしていると思いますよ。そしていっぱい応援してくれることでしょう。おうちの人の応援にこたえて、力いっぱい運動をして、素晴らしい運動会にしましょうね。

【当日】おうちの人にみんなの姿を見てもらいましょう

運動会は、元気いっぱい運動する日です。おうちの人も見にくるので、一緒に楽しみましょうね。そして、「こんなことができるようになったよ」って、見てもらいましょう。途中で転んでしまったり、ボールを落としてしまうこともあるかもしれません。でも、そういうときも最後まであきらめないで、がんばってやりましょう。そうすると気持ちがいいですね。

Q&A

かけっこはビリだからいや。運動会は出なくちゃだめなの？

○○ちゃんは、もっと速く走りたいのね。かけっこで誰よりも速く走れるのって、気持ちいいもんね。先生といっぱい練習しよう！　でもね、もしいちばんになれなかったとしても、すごいことがあるの。苦手なことでも挑戦して最後までがんばれる人はすてきな人で、その人の心の中には金メダルが見えるんですよ。

| ひとことで言うなら | みんなでかけっこや体操などの運動を楽しむ日。 |

5歳児

前日まで　5歳児クラスとしての役割があります

いよいよ明日は運動会です。競技に参加するほかにも、5歳児クラスのみなさんには役割がありますね。それは、小さい子のかけっこのお手伝いや、競技用具の準備や片づけなどです。先生やお友だちと協力して、進めていきましょう。それから競技に出るときは、自分の力を出し切って、お友だちと協力し合ってがんばりましょう。先生は、がんばっているみなさんを応援したいと思います。

当日　最後の運動会を楽しみましょう

運動会までに、たくさん練習してきましたね。組体操の練習は大変だったけど、お友だちと協力することができました。リレーでは、優勝するための作戦会議をしたり、お友だちを一生懸命応援する気持ちが強くなりましたね。今日はいよいよその力を出す日です。おうちの方も応援してくれるので、園での最後の運動会、自分のもっている力を出し切って思いっきり楽しみましょう。

保育の配慮

みんなで同じことをする運動会では、ハンディのある子や運動を苦手とする子への配慮が必要です。ハンディをもつ子の保護者と、事前に参加の仕方を話し合いましょう。また、クラスの子どもたちと、仲間として自分たちのできることを話し合えば、保護者やその子にあたたかい気持ちが伝わるでしょう。運動が苦手な子にはコツを伝えたり、努力を認めることで、少しずつ自信につなげましょう。

10月 10月10日 目の愛護デー

ねらい 目の大切さに気づき、目を大事にする気持ちをもつ。目の不自由な人への思いやりの気持ちを培う。

ひとことで言うなら 目の大切さを知って、目を大事にしましょうという日。

3歳児 4歳児 目の大切さに気づきましょう

みんな、ちょっと目をつむってみましょう。真っ暗で何も見えませんね。目をつむったままでは歩くことやご飯を食べることは難しいですね。楽しい絵本も見られません。目はとても大切ですね。10月10日は「目の愛護デー」といって、目を大切にしましょうという日です。目が悪くならないように、テレビや本を暗いところや目を近づけて見ないようにしましょうね。

成り立ちを知ろう

数字の10を横にして二つ並べると眉と目の形になることから、1931年(昭和6年)に中央盲人福祉協会が「視力保存デー」として定めたのが始まりです。その後、1947年(昭和22年)に「目の愛護デー」と改められました。この日は、各地で目の健康に関する活動が行われます。テレビやゲーム機の普及にともない、視力の低下が心配される子どもたちにとって、目の大切さを考えるきっかけとなる日です。

5歳児 目の不自由な人を助けるためのものを知っていますか?

みなさんは「盲導犬」を知っていますか? 目の不自由な人の目の代わりになって、道を歩くときに一緒に歩いて助けてくれる犬のことです。また、目の不自由な人が触って読む「点字」という文字や、駅や歩道にある黄色いでこぼこした「点字ブロック」という目印もあるの。みなさんも目の不自由な人が困っているところを見かけたら、「お手伝いしましょうか?」と声をかけられるようになるとよいですね。

保育の配慮

目の大切さを伝えることは重要ですが、目の愛護を強調しすぎて、眼鏡をかけていることがマイナスに捉えられないように注意が必要です。眼鏡は本人に合うように作られていること、目の働きを助けてくれる大切なものであることを伝えましょう。

10月 10月20日 リサイクルの日

ねらい 身近なものを大切にし、ごみを減らすにはどうしたらよいかを考える。リサイクルについて身近に感じ、「もの（資源）」を大切に使うことを知る。

ひとことで言うなら ごみを減らして環境にやさしい生活をするにはどうしたらいいか考え、実行する日。

ものを大切にして、ごみを減らす日

身近にある食べ物や洋服、おもちゃは、みなさんが楽しく暮らせるために必要なものです。「もういらない！」「こわれたから捨てる！」とすぐに「ごみ」にしていませんか？ ものを大切に使い、必要な人に譲ったり、もう一度使えるようにすることで、「ごみ」を減らせます。みんなで考えてみましょう。

3歳児 4歳児

5歳児

リサイクルってなに？ リサイクルをしてみよう

ペットボトルや缶、ノートなどに付いているリサイクルのマークを見たことがありますか？ これは「使い終わったものを素材（資源）に戻して、もう一度使えるものにする」というマークです。こうしてものや資源を大切にする活動をリサイクルといいますよ。リサイクルについて、自分たちでできることがないか探してみましょう。

成り立ちを知ろう

1990年（平成2年）に日本リサイクルネットワーク会議により制定されました。10月20日はごみを減らす（リデュース）、ものを繰り返し使う（リユース）、ごみを再び使える状態にして利用する（リサイクル）という「ひとまわり（10）、ふたまわり（20）」の語呂合わせから。その後10月を「リサイクル推進月間」に制定、現在は「3R（リデュース・リユース・リサイクル）推進月間」となっています。

まめ知識

「もったいない」と「MOTTAINAI」

日本では昔から、大人の着物を子ども用に仕立て直すなど、リサイクルはごく当たり前のことでした。日本人にはものを大切にし、使いつくす心が根付いているのですね。その心もちが世界に「MOTTAINAI」という言葉として広がっています。園でももったいない精神でできることがないか話してみてください。

10月 10月27日～11月9日
読書週間

ねらい 本のおもしろさに気づき、興味・関心をもつ。読書を通して想像する力を養い、本を好きになる。

ひとことで言うなら 気候のよい秋に、絵本をたくさん読んで楽しみましょうという期間。

3歳児 4歳児 好きな本をもっと見つけよう

みなさんはお気に入りの絵本がありますか？　絵本を読むと、お話に出てくるお友だちや動物たちにたくさん会えるから楽しいわよね。好きな本があるというのは、すてきなことです。今はゆっくり本を読むのにちょうどよい季節で、読書週間といって「たくさん本を読みましょう」という2週間です。好きな本がもっと増えるといいですね。

5歳児 図書館に行ってみよう

みなさんは図書館に行ったことがありますか？　本がたくさんあって、手続きをすれば貸してくれるところです。実はこの本もみんなで読もうと思って、先生が図書館で借りてきました。図書館の本はみんなのものですから、破ったり汚したりしないようにしましょうね。図書館で借りたい本が見つからないときは、図書館の人が探すのを手伝ってくれます。すてきな絵本が見つかるといいですね。

成り立ちを知ろう

戦後まもない1947年（昭和22年）、「読書の力によって、平和な文化国家を作ろう」というスローガンのもと、第1回「読書週間」が開催されました。そのときの反響が大きかったため、2回目からは11月3日の文化の日を中心とした10月27日〜11月9日までの2週間に定められ、この運動は全国に拡がり、今では日本中の学校や書店、図書館などで定着しています。

まめ知識

生活の中の点字

目の不自由な人のためには、点字の本があります。六つの点の組み合わせで表現されている点字は、エレベーターのボタンや銀行のキャッシュコーナー、駅の自動券売機など、さまざまなところに用いられています。アルコール飲料の缶にも、ジュースと間違わないように点字が書かれています。

10月

10月31日 ハロウィン

ねらい 秋の収穫を喜び、自然の恵みに感謝の気持ちをもつ。仮装をする慣習があることを知り、みんなで工夫して仮装を楽しむ。

ひとことで言うなら 秋に食べ物がたくさん実ったことを感謝するお祭り。

3歳児 4歳児 仮装を楽しもう

今日はハロウィンです。外国では、目や口をくりぬいて作ったかぼちゃのちょうちんを飾ったりするんですよ。子どもたちがおばけや魔女に変身して、「お菓子をくれないと、いたずらするぞ」と言って近所のおうちをたずねると、お菓子をくれるんですって。楽しそうですね。みんなもこれからマントや帽子、お面などを作って変身してみましょう!

5歳児 外国のお祭りのハロウィンをみんなで楽しみましょう

日本のお祭りでは、おみこしを担いだりしますよね。では、みんなは「ハロウィン」という外国のお祭りを知っていますか? 秋に農作物がたくさんとれたことを祝い、感謝をするとともに、悪いものを追い払うためのお祭りです。今日は、みんなでハロウィンの仮装をしてみましょう。
みんなの変身ぶりが、先生はとっても楽しみです。

成り立ちを知ろう

ハロウィンは、古代ヨーロッパのケルト民族が行っていた、秋の収穫を祝うとともに悪霊を追い払うというお祭り。その一部がキリスト教に取り入れられたといわれており、アメリカではクリスマスに次ぐ大イベントです。昨今では日本でも人気行事になりつつあります。この日はあの世とこの世がつながり、悪霊が出てくるといわれ、身を守るために仮面をかぶって魔よけの火をたきます。魔女やお化けに仮装した子どもたちが、「Trick or Treat(お菓子をくれなきゃいたずらしちゃうぞ)」と言って近隣の家を訪ねて歩くのは、霊を鎮めるためにお供えをしたことが始まりといわれています。

10月 いも掘り

ねらい さつまいもが生長する過程を知り、収穫の喜びを味わう。自らの手でいもを掘り出す楽しさを感じ、土の中の生きものに興味をもつ。

土の中のおいもはどうなってるかな？

3歳児
4歳児

明日はいも掘りです。さつまいもは土の中で大きくなるというお話はしましたが、水やりをしたときに見た葉っぱや、つるを覚えていますか？　きっとつるは、今ごろ畑いっぱいに伸びていると思います。土の中のおいもはどんな形かな？　まん丸いもの、細長いものなど、きっといろいろな形がありますよ。みんなの手のシャベルで、たくさん掘りましょうね。

おいもをおいしく食べましょう

今日は大きいおいもからかわいいおいもまで、たくさんとれましたね。いも掘りのときのみんなのパワーは、小さい組なのにすごいなって思いました。今度、このおいもを使って、おいもパーティーをしましょう！　作りたいおいも料理を教えてください。大学いも、スイートポテト、天ぷら、お味噌汁、いろいろ出ました。みんなで相談して決めましょう。

Q&A

おいもを食べると、どうしておならが出るの？

さつまいもを食べると、おなかの奥にある大腸というところが、元気に動き出すんですって。おいもを食べるとおならが出るのは、大腸が「動いているよ。元気だよ」と、みんなに知らせている証拠なんです。おならだけではなくて、うんちもいっぱい出るから、おなかの中をきれいにしてくれるんですよ。

| ひとことで言うなら | 土の中から自分の手でさつまいもを掘ることを楽しむ日。 |

5歳児

土の中で育つ野菜

みなさんは、さつまいもが土の中で育つ野菜だということを知っていますよね。ほかにも、土の中で育つ野菜があるんですよ。にんじん、大根、ごぼう、かぶ、里いも、じゃがいも……。みんながよく食べている野菜ですね。これらの野菜は、土の中で根や茎が大きくなるの。土の中でどんな大きさや形になっているのかわくわくしますね。

収穫の秋を楽しむいも掘り

「収穫の秋」という言葉を知っているかな？ 秋にはお米や野菜、きのこやくだものがたくさんとれるからそう呼ぶんですね。明日はいも掘りです。おいもがたくさんとれるか楽しみですね。大きさや形も楽しみです。さつまいもにもいろいろな種類があるんですよ。どんな名前のさつまいもがあるか、

おいもの仲間は何があるのかを調べてみましょう。

保育の配慮

さつまいもを苗から育てている場合は、その過程でつるや葉を見ることができますが、農園などでは掘りやすいように切って準備している場合もあります。子どもたちの体験のねらいを考え、つるや葉の実物がないときは、写真などを見せて、興味がもてるようにしましょう。当日は救急セットやぬれぞうきん、ビニール袋などを用意しておき、ケガをしないように注意しながら収穫を楽しみましょう。

10月 いも掘り

当日 どんなおいもが掘れるかな？

3歳児 4歳児

楽しみにしていたおいも掘りですね。これからみんなの手をシャベルに変身させて、葉っぱや茎の出ているところを、どんどん掘っていきましょう。おいもの体が全部見えたら、力いっぱい引っ張ってね。さあ、どんなおいもが掘れるかな？　がんばって掘りましょうね！

5歳児

つるが切れないように、掘ってみましょう

今年はどんなおいもができているか、楽しみですね。おいもは土の中でつながっているでしょ。1本のつるに、何個つながっているのか見てみたいですね。切れないように掘ってみましょう。土の中に残っているおいもも、忘れずに見つけてあげてくださいね。

まめ知識

さつまいもは長いつるをたどっていくと、葉っぱが200枚以上、長い茎は、7メートルほどあるそうです。土の下においしいおいもが実るためには、たくさんの栄養が必要です。栄養いっぱいの畑で大きく実ったこと、さつまいものように土の下にできるじゃがいもや里芋などの、ほかの秋の味覚や、土の中の生き物にも目を向けてみましょう。

土の中にすんでいる虫

ミミズ / ケラ / ハサミムシ / コガネムシなどのようちゅう

写真：山﨑友也

11月

November
しもつき
霜月

- 文化の日
- 立冬
- 作品展
- 七五三
- 秋の全国火災予防運動
- 勤労感謝の日

11月 11月3日 文化の日

ねらい すべての人が幸せに暮らせるためには、どうしたらよいかを考える。また、そのために力を貸してくれた人へ勲章が贈られる日であることを知る。

ひとことで言うなら 生活が便利になったり、楽しく過ごしやすくなるように考える日。

3歳児 4歳児

みんなを楽しませ、幸せにしてくれるものを大切に

歌を歌ったり、踊ったりすることは楽しいね。絵本を読んだり、絵を描いたり、何かを作ったりすることも好きよね。そんなふうに人を楽しませたり、気持ちよくするものを「文化」といいます。先生は、みんなが描く絵がとても好きです。みんなの絵を見ていると、うれしい気持ちになります。11月3日は、「文化の日」といって人を楽しませたり、喜ばせたりできるものを大切に考える日なんですよ。

研究し発明してきた人たちに感謝しましょう

5歳児

みんなの生活のなかには、便利なものがいっぱいありますね。冷蔵庫や洗濯機は、おうちの人の仕事を助けているし、テレビはみんなを楽しませてくれます。遠くにお出かけするときに乗る車もそうですね。みんなの暮らしが便利で楽しいものになるように、一生懸命研究して、いろいろなものを作り上げてきた人がたくさんいるんです。また、みんなを楽しい気持ちにしてくれる絵やお話をかいた人もいますね。今日はそういう人たちに感謝する日です。

成り立ちを知ろう

1946年(昭和21年)11月3日、「国民主権、基本的人権の尊重、平和主義」などが宣言された日本国憲法が公布されたことを記念し（施行は1947年5月3日）、1948年(昭和23年)に「自由と平和を愛し、文化をすすめる日」として国民の祝日に制定されました。この日には科学や芸術など、文化の発展に貢献した人たちに、皇居で文化勲章の授与式が行われます。この日を中心に文化庁主催による芸術祭が開催されています。また、11月3日は晴れる確率が高い「晴れの特異日」としても知られています。

11月8日ごろ

立冬

ねらい 秋から冬への移り変わりを、草木や空気など自然の変化から感じ取る。冬への準備について、衣服や健康など、自分たちの生活に必要なことを考える。

ひとことで言うなら 寒い冬に向けて、冬支度を始めましょうという日。

そろそろ冬の準備をしましょう

3歳児 4歳児

先生が道を歩いていたら、黄色い葉っぱがひらひらって落ちてきたの。見て！　いちょうの葉っぱよ。この間まで緑色だったのに、きれいな黄色になっているね。木はこんなふうに葉っぱを落として、冬支度を始めるんですよ。これからだんだん寒くなります。寒くなると暖かい服を着ないと、風邪をひきますね。みんなも冬の準備をしましょうね。

5歳児 冬が近づくと、夕方早く暗くなりますね

最近、太陽が沈むのが早くなってきているのに、気づいた人？　先生は園から帰るときに、前よりも少し外が暗くなっているなと感じています。冬が近づいてくると太陽の出ている時間は、だんだん短くなってくるんですよ。今日は「立冬」といって冬が始まる日なの。これからは寒くなってきて、木枯らしが吹いたりもします。外で遊ぶときは暖かい服を着て、暗くなる前におうちに帰りましょうね。

成り立ちを知ろう

二十四節気の一つで、11月8日ごろです。暦の上では、立冬から立春の前日までが冬にあたります。実際は、夏至と冬至の中間地点で、秋の気配が強い時期ですが、徐々に日差しが弱まり、日もますます短くなって空気も冷たく感じられるようになります。初霜、初氷などの便りが届き始めるのもこのころからです。風邪をひきやすくなる時期でもあるので、注意が必要です。

11月 作品展

> **ねらい** 自分の作品が展示されていることを喜び、家族と一緒に見たり遊んだりすることを楽しむ。工夫したところなどを伝え合い、作品を大切にする気持ちをもつ。

前日まで　工夫して作った作品を見てもらおうね

3歳児 / 4歳児

みんな、すてきな作品を作り上げることができましたね。お父さんやお母さんに見てもらって、みんながどんな気持ちを込めて作ったのか、話しましょうね。作った作品も、明日たくさんの人たちに見てもらうのを楽しみにしていると思うわ。先生たちは大切に飾って準備しますから、おうちの人に「見にきてね」って伝えてね。

当日　友だちの作品も大切に

今日は、おうちの人もいらしてください。お父さんやお母さんには、作って楽しかったことやがんばったところを伝えて、じっくり見てもらいたいですね。お友だちの作品も一つひとつどんな工夫がされているか見つけてみましょう。みんなの大切な作品なので、壊れてしまうことがないように気をつけましょう。

Q&A

うまく描けないよ。どうすればいいの？

先生は○○ちゃんの絵、とっても好きだな。ていねいに塗ったらもっとすてきになるわよ。みんなの絵は、それぞれにすてきなところがあって、一生懸命に描いたのがとてもよくわかります。おうちの人も楽しみにしていると思うから、最後までがんばって描いてみようね。

| ひとことで言うなら | 自分たちで作ったものを家族と一緒に見て楽しむ日。 |

前日まで　みんなの作品ですてきな空間に

みんなが時間をかけて作った作品には、それぞれの考えや工夫したこと、協力したこと、楽しく作ったことが詰まっています。それをお父さんやお母さんに見てもらって、みんなが何を伝えたかったのかお話ししましょう。たくさんの作品を飾ると、会場もとってもにぎやかですてきな場所になると思うので楽しみにしていてね。

当日　みんなでたくさんの作品を楽しみましょう

今日は、みんなの作品をおうちの人に見てもらいます。一つひとつみんなの思いがいっぱい詰まっていて、ほかの誰にも作れない素晴らしい作品です。だから、お友だちの作品もじっくり見て、どんなことを感じたか、どんなところをすごいと思ったか、伝えてあげましょう。たくさんの人の作品を見るのは、とても楽しいと思いますよ。

保育の配慮

作品は、個人差が形として表れます。批判的な見方をせず、認めてあげることが大切です。また、並べ方や台紙の色などを工夫し、作品が輝きを増すような展示の仕方を心がけましょう。日常の保育のなかでも、自己表現の仕方や技術面における個人差をよく把握し、一人ひとりが作ることや描くことの楽しさを味わえるようにしたいですね。

七五三

11月15日

> **ねらい** 成長を祝う七五三の意味を知り、大きくなったことを喜ぶ。両親や家族、そして神さまにこれからも見守って下さるようにお願いする。

3歳児
4歳児

大きくなったことをお祝いする日

もうすぐ「七五三」というお祝いの日があります。「七五三」って何かしらね？ みんなは生まれてから1歳、2歳、3歳……って、どんどん大きくなってきました。おうちの人は、みんなが元気に大きくなってくれることがとってもうれしいの。だから、3歳、5歳、7歳のときに特別にお祝いするのよ。そして「これからも病気やケガをしないで過ごせますように」と神さまにお願いする日なんです。

とっても長い千歳飴

千歳飴っていう長ーい飴を見たことある？ ほら、こんなに長いのよ。この飴は七五三のお祝いのときにいただけるの。どうしてこんなに長いかっていうとね、子どもたちがすくすく背が伸びて大きくなりますように、病気やケガをせずにずっと長生きしますように、という願いが込められているからですよ。

Q&A

どうして千歳飴は長いの？

「千歳（ちとせ）」というのは、「1000年」という意味なの。1000年は生きられないけど、子どもたちが健康で、長生きして、幸せに暮らせますように、という願いが込められているのよ。千歳飴が長いのは、みんなの背が大きく伸びますようにという意味もありますよ。

保育の配慮

千歳飴を持ち帰ったり、飴袋を作る園は、そのいわれや飴の意味などを話しましょう。また、お祝いの仕方は家によってさまざまであること、特にお祝い会を開かなくてもみんなが子どもたち一人ひとりの成長を願っていることを伝えることも大切です。

94

| ひとことで言うなら | 子どもが成長したことを喜び、これからも元気に大きくなりますようにと願う日。 |

5歳児

昔から続けられてきた子どものお祝い事

「七五三」は、昔々日本人が着物で暮らしていた時代からある、子どものためのお祝い事なんです。だから、今でも着物や袴を着たりするのよ。子どもが3歳、5歳、7歳になったときに健康と成長を心から喜んで、神さまにお礼をするんです。そして「これからも見守っていてください」とお願いする、そういうことがずっと受け継がれてきたんですね。

3歳、5歳、7歳、みんな成長しているね

3歳、5歳、7歳のときに、みんなの成長と健康を祝うのが「七五三」です。3歳というと、おしっこが一人でできるようになったころかな。お話が上手になって、ちょっぴり我慢もできるようになりますね。5歳になると、自分でできることが多くなって、友だちとも仲よく遊べるようになりますね。7歳は？　そう、小学校1年生、すごいね。みんなは一年ずつ成長しているんですよ。

成り立ちを知ろう

日本では古くから、3歳で髪を伸ばし始める「髪置き」、5歳で男の子が袴をつける「袴着」、7歳で女の子が帯をつける「帯解き」と、七五三のもととなるお祝いがお正月や誕生日に行われていました。11月15日に定着したのは、江戸時代といわれています。地域によって異なりますが、男の子は3歳と5歳、女の子は3歳と7歳に神社に参拝し、成長と福運を祈願します。千歳飴は江戸時代に飴屋が考案し、寺社の門前で売ったのが始まりとされています。

11月　11月15日 ● 七五三

行事の風習

大人になるまでの行事

生まれてから成人するまでには、元気に成長することをお祈りするさまざまな行事があります。

● お七夜
出生から7日目に行います。産神さまがこのころに赤ちゃんのもとからお帰りになると考えられていて、正式に命名するのが習わしです。神前や仏前に命名書を供え、赤飯などの祝い膳を囲みます。

● お宮参り
生後1か月ごろに行われるお宮参りは、氏神さまに我が子の誕生の報告と、無事な成育をお祈りするために行います。

● お食い初め
生後100日目に、赤ちゃんを本膳につかせて「一生食べ物に困らないように」という願いを込めて食事の真似ごとをさせます。

● 初誕生
満1歳の誕生日に、子どもが無事に育ったことをみんなでお祝いします。お祝いには一升のもち米でついたもちを風呂敷に包み、それを子どもに背負わせて歩かせる風習があります。

● 七五三
地方によっても異なりますが、男の子は3歳と5歳、女の子は3歳と7歳にお祝いします。

● 十三参り
旧暦の3月13日、数え年13歳の子どもが知恵を授かるために、虚空蔵菩薩に参拝する行事。

● 成人式
現在は満20歳に成人式を迎え、各市町村で祝賀会が行われます。かつては数え年15歳から17歳ごろに成人の儀式を行いました。

11月 11月9日～15日 秋の全国火災予防運動

ねらい 消防士の役割や仕事を理解する。火災予防について関心をもち、生活のなかで気をつけることを話し合う。

ひとことで言うなら 火災が起こらないように、どうしたらいいかを考える一週間。

火事を消してくれる消防士さん

3歳児 4歳児

火事が起きたときに助けに来てくれるお仕事の人は、誰だか知ってる？　そう、消防士さんね。もしおうちや園で火事が起きたら、大切なものが焼けてなくなってしまうし、煙で息ができなくて苦しくなったり、ケガをしてしまうこともあるの。そんな怖い火事が起きたときは、消防士さんが消防車に乗って、火を消しにきてくれるんですよ。今日は消防士さんが園に来てくれて、お仕事や消防車のこと、火事を起こさないために気をつけることを教えてくれます。お話を聞いてわからないことがあったら質問してみましょうね。

実際に消防車を見に行きましょう

秋や冬になると空気が乾燥して、火事が増えるんですって。火事が起きたら、どこに電話するか知ってる？　そう、119番ね。消防署では、消防士さんがすぐに出動できるようにいつも準備をしています。みんなの命を守る、大切な仕事をしているのよ。みんなは消防車やはしご車を見たことがある？　消防士さんは火の中に入って、やけどをしないのかしら？　消防車や消防服にはたくさんの工夫がされているんですって。今日は消防署に行って、いろいろなお話を聞いてみようね。

成り立ちを知ろう

火災予防思想の普及をはかり、火災の発生を防止し、火災による死傷事故や財産の損失を防ぐことを目的としています。1952年（昭和27年）には「全国大火撲滅運動」と呼ばれていましたが、1953年（昭和28年）から「全国火災予防運動」という名称に変更されました。春季は3月1日～7日、秋季は11月9日～15日に実施。全国の市町村では、この期間に消防に関する広報活動や、消防訓練などが行われています。

11月 11月23日 勤労感謝の日

ねらい いろいろな仕事があることを知り、興味をもつ。たくさんの人が働いているおかげでみんな安心して暮らせることに気づき、感謝の気持ちをもつ。

ひとことで言うなら みんなのために働いている人に感謝をする日。

まわりの人に「ありがとう」を伝えよう

3歳児 4歳児

明日は、いつもお仕事をしてくれている人に「ありがとうございます」ってお礼の気持ちを伝える日です。みんなのまわりにはどんなお仕事をしている人がいるかな？ スーパーや駅で働いている人、園や学校の先生。みんなのお父さんやお母さんも、いつもみんなのために一生懸命お仕事してくれてますね。お父さんやお母さんにも「ありがとう」って伝えようね。

いろんな仕事があって、助け合って暮らしています

5歳児

毎日食べているお米や野菜、お魚、お肉は、たくさんの人が一生懸命働いて、みんなのところに届けてくれています。農家の人がお米や野菜を作って、漁師さんは魚を獲って、それを運んでくれる運転士さん、お店で売っている人もいますね。みんな働いて助け合って暮らしているんですよ。明日は、そういう人たちに感謝する日です。

成り立ちを知ろう

「勤労をたっとび、生産を祝い、国民たがいに感謝しあう日」として、1948年（昭和23年）に国民の祝日に定められました。もともと新嘗祭（にいなめさい）といって、その年に収穫された穀物を、天皇が宮中の神殿に供える大切な儀式でした。庶民の間でも新穀を神に供え、それを食べて収穫を祝うという慣習がありました。現在は農業だけでなく、工業、商業などすべての職業に感謝する日、働くことに感謝する日とされています。

12月

December
師走

- 人権週間
- ノーベル賞授賞式
- 冬至
- おもちつき
- クリスマス
- 大みそか

12月 12月4日〜10日 人権週間

> **ねらい** 一人ひとりの違いを認めたり、自分や他人のよいところを見つけ、それぞれが大切な存在であることを知る。

3歳児 4歳児

自分やお友だちの好きなところを探そう

みんなは自分のどんなところが好きかな？ 一人ひとり違いはあるけれど、それぞれがいいところをたくさんもっていますね。自分の好きなところを見つけると、自分のことが好きになります。お友だちのいいところを見つければ、その子のことをもっと好きになるし、相手もうれしいですよね。自分やお友だちのいいところをたくさん見つけてみましょう。

みんな、顔も得意なことも違うから楽しいね

自分とお友だちの違うところってあるかしら？ 顔も違うし、走るのが得意な子もいるし、お絵かきが好きな子もいますね。一人ひとり違うけど、みんないいところがあって、先生は大好きです。だから、みんなと違うからといっていじわるをしたり、仲間はずれにすることは、悲しいことだと思います。みんな一人ひとり違っていいのよ。違う人たちが助け合うってすてきですね。困っているお友だちがいたら、助けてあげましょうね。

保育の配慮

子どもに「人権」そのものを伝えるのは難しいかもしれません。しかし、日常保育のなかでいろいろな友だちがいることを伝えるのは、大切なことです。統合保育（障がいをもつ子どもとの交流）や異年齢保育、外国に由来をもつ友だちや園における保育者との交流などで、自分のまわりにはさまざまな人がいることを知り、仲間のよいところを見つけ、人との違いを受け入れられる心を育（はぐく）んでいきたいものです。

| ひとことで言うなら | 自分やお友だちが一人ひとり違うことを知って、仲よくすることを考える一週間。 |

5歳児

友だちのよいところを認めて、仲よくしようね

自分とお友だちの違うところってどこでしょう？ 自分の好きなところ、お友だちの好きなところってどこでしょう？ みんな一人ひとり違うわね。でも、一人ひとりすてきなところをたくさんもっている、それを、「個性」っていうの。お互いが違うところを認め合って、自分やお友だちのいいところをたくさん見つけましょう。そうすると自分もお友だちのことも大好きになって、もっと仲よくなれますよ。

まわりの人のことを考えて、助け合おう

みんなのまわりには家族がいますね。みんなを産んで、大切に育ててくれたお父さんお母さん。お兄さんやお姉さんがいる人もいますね。人は助け合っていかないと生きていけません。みんなのまわりにも、困っている人や病気の人、自分とは違う人がいると思います。その人たちをいじめたり、見て見ぬふりをするのは悲しいこと。やさしい心をもって、助け合いましょうね。

成り立ちを知ろう

1948年（昭和23年）12月10日、国連総会で「世界人権宣言」が採択されたのを記念し、1950年（昭和25年）の国連総会で12月10日を人権デーと定めるとともに、すべての加盟国に実施を呼びかけました。日本では世界人権宣言採択の翌年の1949年（昭和24年）、法務省と全国人権擁護委員連合会が、12月4～10日までの一週間を「人権週間」と定めました。この期間に各地で講演会やシンポジウムが催され、思いやりの心や、命の大切さについて人権尊重思想の普及活動が展開されています。

12月 12月10日 ノーベル賞授賞式

ねらい 世界の人たちが幸せに暮らせるように、いろいろな発明や役に立つ仕事をした人がいて、その人に賞を贈る日ということを知る。

ひとことで言うなら みんなのために発明した人や、役に立つ仕事をした人に賞を贈り、感謝をする式。

世界のためになることをした人の賞です

3歳児 4歳児

昔、ノーベルさんという人が、みんなの役に立つように、ダイナマイトという爆弾を発明しました。でも、そのダイナマイトは人を傷つける道具として使われるようになり、ノーベルさんはとても悲しんだそうです。そこで、ノーベルさんは、世界の人たちのためになることを考えた人に、自分のお金をすべて使って賞を贈ることにしたんです。それが「ノーベル賞」ですよ。

失敗しても、成功するまであきらめないで

5歳児

みんなと同じ日本人で、ノーベル賞をもらった人がいます。誰も知らないことを考えたり、研究をしていくなかで、失敗することもたくさんあったことでしょう。それでもあきらめないで繰り返しチャレンジしてがんばって、成功したんです。考えたり工夫したりするといろいろなことがわかるようになります。みんなも、一回やってだめでも、あきらめないで続けてみましょう。

成り立ちを知ろう

「ダイナマイト」の発明で巨額の富を得たスウェーデンの科学者、アルフレッド・ノーベルの遺言により設定された賞。ダイナマイトは道路やトンネル、ダム建設などに役立ちましたが、戦争の兵器としても使われるようになりました。そのことを悲しんだノーベルは、「自分の財産を人々の役に立つ仕事をした人たちのために使ってほしい」という遺言を残して亡くなりました。その後「ノーベル財団」が設立され、1901年（明治34年）、物理学、化学、医学・生理学、文学、平和と、1968年（昭和43年）からは経済学の各分野で功績のあった人々に贈られるようになりました。

12月22日ごろ

冬至

ねらい 昼間の時間が短く、夜がいちばん長い日ということを知る。かぼちゃを食べたり、ゆず湯に入り、寒さに負けない体をつくる慣習を知る。

ひとことで言うなら 一年の中で夜の時間が長く、昼の時間がいちばん短い日。

3歳児 4歳児

寒さに負けない体をつくりましょう

冬至というのは、昼間の時間が一年中でいちばん短い日です。朝は太陽が昇ってくるのが遅く、夕方は早くに太陽が沈んでしまうので、太陽に会える時間がすごく短く寒くなってきます。寒い冬至には、かぼちゃを食べたり、ゆずを入れたお風呂に入って温まると、風邪をひかない丈夫な体をつくれるということを昔の人が発見したんですって。みんなも寒さに負けない丈夫な体をつくりましょうね。

5歳児

一年の中で、夜がいちばん長い日です

太陽がみんなのことを照らしている時間がいちばん短い季節はいつだかわかりますか？答えは冬です。その中でも「冬至」と呼ばれる日がいちばん短くて、夜がいちばん長いの。それは、太陽の昇る高さが、もっとも低くなるからなんです。この日に、栄養があるかぼちゃを食べたり、ゆずを入れたお風呂に入ると、寒い冬に負けない体がつくれるといわれています。昔の人たちの知恵が、今に受けつがれているのよ。

成り立ちを知ろう

二十四節気の一つで、昼間の時間がもっとも短く、夜がもっとも長い日になり、この日を境に昼間が長くなっていきます。一方、北極圏では一日中太陽が沈んだ状態が続き（極夜）、南極圏では夜中でも太陽が沈まない現象が起こります（白夜）。冬至には風邪予防にかぼちゃを食べ、無病息災でいられるというゆず湯に入る慣習があり、こんにゃくや小豆がゆを食べる地方もあります。

12月 おもちつき

> **ねらい** お正月に向け、みんなで力を合わせておもちをついて食べ、幸せや健康を願うことを知る。また、おもちができる過程を知る。

お祝いの日には、もちつきをします

3歳児 4歳児

昔からお祝いごとのときや、よいことがあったときには、おもちをついて食べてきました。おもちを食べると、元気になるといわれているんですよ。12月が終わると、新しい年がやってきます。みんなが楽しく元気に過ごせたお礼と、これからも仲よく過ごせるようにという願いの気持ちを込めて、おもちつきをします。

おもちをついて味わい、お供えしましょう

うすときねでふかしたお米をぺったんことつくと、お米がつぶれてくっつき合っておもちができ上がります。小さく丸めてきな粉やあんこにからめて食べましょう。元気に過ごせたお礼や来年も良い年となるように、ついたおもちを大きく丸めてお供えもち（鏡もち）を作りましょう。

Q&A

どうしておもちはのびるの？

いつも食べているご飯のお米とは違って、おもちは「もち米」というお米で作っているのよ。もち米をふかしてから、熱いうちにうすの中に入れて、きねでペッタンペッタンとつくと、だんだんやわらかくなって、よくのびるおもちができるんですよ。もち米をお口の中で何度もかんでいると、おもちみたいになるのがわかりますね。

まめ知識

おもちは、いつつくの？

もちつきが行われるのは、12月25日から28日ごろが一般的です。29日は「苦もち」、大みそかは「一夜もち」といって、縁起が悪いとされているため、これらの日は避けて行われます。

> **ひとことで言うなら** みんなで力を合わせておもちをつき、お正月を迎える準備をする日。

5歳児

おもちの食べ方は？

みんなはどんな食べ方が好きかな？ きな粉やあんこにからめたり、おしょう油をつけたりしてもおいしいわね。つきたてのおもちはやわらかいけれど、おもちはすぐにかたくなってしまうので、粉を振って板のように伸ばしたのしもちや、丸もちにします。それを焼いたり、おぞう煮やおしる粉に入れたりして食べることもありますね。健康で元気に過ごせたことに感謝の気持ちを込めて鏡もちとしてお供えしたりもします。

おもちの作り方を知りましょう

みなさんはおもちの作り方を知っていますか？ もち米を研いでふかしたものをうすやきねを使ってつくるのよ。他にももち米をふかすためのせいろや大きな釜などたくさんの道具を使って準備をします。たくさんの大人の力が必要です。昔からおもちつきをするときにはみんなが集まって力を出し合いました。おもちつきをすることでまわりに住んでいる人と仲よくなれたのですね。みんなもお米を研いだり道具を準備してみましょう。

おもちはもち米からできているんだね

成り立ちを知ろう

日本には稲作信仰というものがあり、稲は「稲魂」や「穀霊」が宿った神聖なものと考えられ、崇められてきました。稲からとれる米は生命力を強める神聖な食べ物で、米をついて作るもちや、米から醸造される酒はとりわけ力が高いとされています。そこで祝いの日やハレの日に、もちつきをするようになりました。もちつきは一人ではできないため、連帯感を高め、喜びを分かち合うという社会的意義もあります。

105

12月 12月25日 クリスマス

> **ねらい** みんなの幸せを願っていたイエス・キリストの誕生日であることを知る。みんなでやさしい心をもち、クリスマスを祝う。

やさしい気持ちで、クリスマスを迎えましょう

3歳児 4歳児

大昔、イエス・キリストという世界中の人が幸せになるように願っていた人がいたの。クリスマスは、そのイエスさまの誕生日です。クリスマスの前になると、クリスマスツリーを飾ります。モミの木に飾りをつけてお祝いをするのよ。ケーキやごちそうを作るおうちもありますね。きっとイエスさまも、みんなのことを見守ってくれているでしょう。みんなもやさしい気持ちで、クリスマスをお祝いしましょうね。

サンタクロースが来るか楽しみね

クリスマスには、サンタクロースさん、来てくれるかしら？ サンタさんは、いつもみんながいい子にしているか見ているのよ。友だちにやさしくしたり、困っている人を助けてあげるやさしい子どもに、サンタさんが「ありがとう」という気持ちを込めてプレゼントをくれるのでしょうね。みんなにもプレゼントが届くか、今から楽しみですね。

Q&A

サンタクロースは毎日なにをしているの？

サンタさんに会ったことがある人はいるかしら？ 先生はまだ会ったことがないけれど、「冬になると雪がたくさん降る寒い国に住んでいる」というお話を聞いたことがあります。トナカイも一緒に住んでいるそうよ。サンタさんは普段はきっとトナカイの世話をしたり、子どもたちに届けるためのプレゼントの準備で、毎日大忙しなのでしょうね。

> **ひとことで言うなら** 世界中の人々が幸せになるように願っていた、イエス・キリストの誕生日を祝う日。

イエス・キリストってどんな人だったの？

イエス・キリストは、今から2000年前、ユダヤという国で、人々を助ける神の子として生まれました。お母さんのマリアさまは、12月25日に馬小屋でイエスさまを産んだそうよ。救い主を待っていたユダヤの人たちは、イエスさまの誕生をとても喜んだんですって。たくさんの人を助けて、みんなの幸せを願っていたイエスさまの誕生日を祝う日が、クリスマスです。

5歳児

サンタクロースは寒い国に住んでいます

サンタクロースは、フィンランドという国に住んでいるんですって。冬はとても寒くて、雪がたくさん降る国です。クリスマスになると、サンタさんはトナカイのソリに乗って、世界中の子どもたちにプレゼントを届けてくれます。クリスマスの朝、枕元にみなさんが欲しかったプレゼントが置いてあるといいですね。

成り立ちを知ろう

クリスマスはイエス・キリストの誕生をお祝いする日です。イエス・キリストは、今から2000年以上前、ユダヤ（現在のイスラエル）のベツレヘムという町の小さな馬小屋で、母・マリアと父・ヨゼフの間に生まれたと伝えられています。クリスマスを祝うようになったのは4世紀ごろからで、ローマ帝国の太陽の神の誕生を祝う冬至の祭りと、救世主であるキリストの誕生が結びついたようです。また、サンタクロースは、4世紀ごろ、現在のトルコのあたりに住んでいた司教セント・ニコラウスがクリスマスの前夜に、町の家々をまわり、子どもたちにプレゼントを配ったという伝説にもとづいています。

保育の配慮

12月に入ると、街はクリスマスの雰囲気があふれ、心を沸きたたせてくれます。しかし、本来のクリスマスは、イエス・キリストの誕生日であり世界中の人々が幸せに暮らせるように祈る大切な日。プレゼントをもらう日というだけではなく、クリスマスの意味を伝えることも大切ですね。

12月 12月25日 ● クリスマス

行事の風習

サンタクロース村

世界中の子どもたちが心待ちにしているクリスマス。その主役でもあるサンタクロースの住む村が、フィンランドにあります。村にはサンタクロースの家やトナカイ牧場、世界中に手紙を届ける郵便局などがあります。サンタクロースがそこでどんな生活を送っているのか想像力をかきたてられますね。

写真提供：Visit Finland

サンタクロースは、はるか遠いコルヴァトゥントゥリの山から、トナカイのそりに乗って、サンタクロース村の家まで毎日やってきます。

お手伝いをしてくれる妖精トントゥと一緒に暮らすサンタクロース。ふだんは世界中から毎日届く手紙を読んだりしているそう。

部屋を訪れる人を迎えて、記念撮影をしたりおしゃべりをしたりしてくれます。

めずらしい夏服姿のサンタクロース。

108

クリスマスに読みたい絵本

クリスマスの絵本を集めました。
一緒に絵本を読んで、
クリスマス気分を楽しみましょう！

『とのさまサンタ』
文／本田カヨ子　絵／長野ヒデ子
（あすなろ書房）

とのさまの初めてのクリスマスは……

外国の本をもらい、初めてクリスマスを知ったとのさま。サンタクロースを呼ぶために、家来たちにむちゃくちゃな命令をします。初めてクリスマスを迎えるとのさまが巻き起こすゆかいな騒動は、大勢で楽しむのにピッタリ。

『あのね、サンタの国ではね…』
絵／黒井健　文／嘉納純子（偕成社）

サンタの国の1月から12月まで

「サンタさんは、クリスマス以外は何をしているの？」そんな素朴な疑問に答えた1冊。自分たちのために、一年をかけて準備をしてくれるサンタさんの姿は、子どもたちが大切なことに気づくきっかけになってくれるはず。

『子うさぎましろのお話』
文／佐々木たづ　絵／三好碩也
（ポプラ社）

1970年から読み継がれてきた絵本

白うさぎのましろは、サンタのおじさんに嘘をつき、プレゼントを2回もらいました。しかし、悪いことをしたと反省し……。ましろの言動は人間的で、共感する子も多いでしょう。サンタのおじさんとのやりとりに心が温まります。

『よるくま クリスマスのまえのよる』
作・絵／酒井駒子（白泉社）

夜になるとやってくるかわいい友だち

「ママに叱られたからサンタさんが来ないかもしれない」と心配するぼくに、やさしく寄り添ってくれる「よるくま」。クリスマスを知らないよるくまのために、ぼくはサンタさんになってあげます。友だちを思いやる心を育てる1冊です。

『大判 ゆかいなゆうびんやさんのクリスマス』
作／ジャネット＆アラン・アルバーグ
訳／佐野洋子（文化出版局）

楽しいしかけと遊びがいっぱい

クリスマスイブ、ゆかいなゆうびんやさんが絵本や童話の主人公たちに手紙を届けます。どんな手紙が届いたのかな？ 大きな封筒の中の手紙を見るたびにワクワクします。楽しい仕掛けに子どもたちも夢中になりそう。

12月
12月31日
大みそか

ねらい 今年一年を振り返り、楽しく豊かに過ごせたことに感謝する気持ちをもつ。また、大掃除や年越しそばの慣習を知る。

ひとことで言うなら 一年の最後の日で、新しい年を気持ちよく迎える準備をする日。

3歳児 / 4歳児

大そうじのお手伝いをしよう

一年の最後の日は「大みそか」といって、新しい年を気持ちよく迎えられるように準備をする日なんですよ。家族で力を合わせて大そうじをするおうちもありますね。みなさんも、自分のおもちゃを片付けたり、おうちの方のお手伝いをしてみましょう。この一年にどんなことがあったのか、新しい年はどんなことがしたいのか、おうちの人とお話ししてみるのもいいですね。

5歳児

除夜の鐘って知っていますか？

大みそかは一年の最後の日です。この日、長生きができますようにと願って年越しそばを食べます。また、お寺では大きな鐘を108回鳴らします。これを除夜の鐘といって、107回は今年のうちに、そして最後の1回は、「新しい一年が幸せになりますように」という思いを込めて、1月1日になった瞬間に鐘を鳴らすのよ。

成り立ちを知ろう

一年の最後の日。「みそか」は「三十日」とも書き、毎月の最後の日を表します。一年の最後の12月31日は「大」をつけて「大みそか」、「年越し」、夜を「除夜」といいます。除夜の鐘は、古い年と一緒に人間の108の煩悩（心を乱す欲望）をたたき出すという意味が込められています。また、「年越しそば」は、江戸時代の商家で忙しい大みそかにとりあえずそばを食べ、新年になってからゆっくりごちそうを食べていた慣習が世間に広まり、やがて「そばのように細く長く生きられるように」という縁起物となりました。

1月

January
睦月
（むつき）

- お正月
- 七草
- 鏡開き
- 成人の日

1月 1月1日 お正月

ねらい 新年を迎える晴れやかな気持ちを感じ、お正月の慣習や意味を知る。お正月の遊びに興味をもち、楽しく遊ぶ。

3歳児 4歳児 「あけましておめでとうございます」とあいさつしよう

もうすぐお正月ですね。みなさんは、お正月になんてごあいさつをするか知っていますか？ 新しい年になることを、「年が明ける」ということから、「あけましておめでとうございます」とあいさつするんですよ。お正月におじいちゃんやおばあちゃんに会ったら、「あけましておめでとうございます」とあいさつして、「今年もよろしくお願いします」と伝えてみてくださいね。

楽しみな年賀状とお年玉

お正月には、「あけましておめでとうございます」のあいさつを書いたハガキを出します。これを年賀状っていうのよ。先生もみんなに年賀状を書くので、楽しみにしていてくださいね。また、子どもにはもう一つ楽しみなことがあります。お年玉ですね。お年玉はお金だったり本やおもちゃだったりします。家族や親戚の人からいただいたら、「ありがとうございます」と、お礼を言うのを忘れないでくださいね。

Q&A

お年玉ってなあに？
昔は、年神(としがみ)さまに供えたおもちを、みんなで分けていました。それがいつの間にか、おもちではなく、おこづかいを子どもにあげるようになったんですって。

玄関の飾りはなあに？
玄関の飾りは門松や松飾りといって、お正月にやってくる年神さまが迷わないように、目印として門や玄関に飾っているのよ。

| ひとことで言うなら | 新しい年を迎えたことをお祝いする日。 |

新しい年にがんばることを決めよう

お正月は新しい年の始まりです。今年一年で自分ががんばろうと思うことを決めたり、字が上手になりますようにと墨で字を書く「書きぞめ」をしたりするんですよ。みなさんも、今年の目標を決めるといいですね。泳げるようになる、ピアノの練習を毎日する、お手伝いをする、泣くのをがまんするなど、いろいろ考えてみてくださいね。

どんな初夢が見たい？

新年を迎えてはじめて見る夢を、「初夢」といいます。昔の人は、「一富士、二鷹、三なすび」といって、日本一高い富士山、空高く飛ぶ鷹、昔は値段が高かったなすの夢を見ると、よい年になると信じていたそうです。「高い」ものは、縁起がいいとされていたのね。みんなはどんな夢を見たいですか？ サッカーやピアノが上手になる夢や、あこがれの仕事をしている夢も楽しそうですね。

成り立ちを知ろう

年の始まりにそれぞれの家に降りてくる「年神さま」をお迎えし、五穀豊穣と健康を願う行事です。年神さまとは、日本人と関係の深い農耕の神さまで、一年間家を守ってくれます。お正月に行われる一連の行事は、年神さまをもてなすために行われるもので、各地域にいろいろな祝い方があります。門松は年神さまを迎えるための目印、鏡もちやおせち料理は年神さまへのお供え、暮れの大掃除もきれいな家で年神さまを迎えるために行うとされています。また、1月1日を「元日」といい、元日の朝を「元旦(がんたん)」といいます。

1月　1月1日●お正月

おせち料理

年神様にお供えするおせち料理は、おめでたい意味が込められた料理を四段重ねの重箱に盛り付けるのが正式。おせち料理の中身や盛り付け方は、地域や家庭によってさまざまです。

写真提供：株式会社紀文食品

● 一の重 ● **三つ肴と口取り**
お祝いの席に作る料理で、黒豆、伊達巻き、紅白のかまぼこなど。

● 二の重 ● **焼き物**
鯛の塩焼き、ぶりの照り焼き、海老の塩焼きなど、海産物の焼き物。

● 三の重 ● **酢の物**
紅白なます、酢れんこん、菊花かぶ、こはだの酢の物など。

● 与の重 ● **煮物**
昆布巻き、里芋、クワイ、トコブシ、こんにゃくなどの煮物。

【おせち料理のメニューの意味】

黒豆
「まめ（まじめ）」に働き、「まめ（元気）」に暮らせますように、と願いを込めたもの。

数の子
卵の数が多いことから、子孫繁栄の願いを込めて。

鯛
姿形が美しく、「めでたい」ことから。

海老
腰が丸まっている老人に似ているため、長寿祈願に。

里芋
たくさんの小芋がつくことから、子孫繁栄を願って。

伊達巻き
形が巻き物に似ていることから、知識が増えることを願って。

昆布巻き
「こぶ」を「よろこぶ」、「子生」とかけています。

紅白かまぼこ
紅はおめでたさと喜び、白は神聖さを意味します。

行事の風習

鏡もち

年神さまに供えるもので、新しい年の生命を象徴しています。大小の丸いおもちを一重ねにし、飾りをつけて三方（さんぽう）と呼ばれる台に載せて、床の間などに供えます。

海老
「海の老人」といわれ、腰が曲がるまで長生きできることを願います。

扇
末広がりの扇の形から、家が繁栄することを願います。

裏白（うらじろ）
シダの葉。葉の裏が白いことから、心に裏がなく潔白であることを表します。

橙（だいだい）
実が木から落ちないで熟し、毎年実をつけることから、代々家が続くことを願います。

御幣（ごへい）
神が宿るところで、赤い色には魔よけの力があるといわれます。

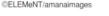
©ELEMeNT/amanaimages

門松

年神さまが降りてくる目印とされています。年末に門松を飾り、1月6日の夕方に取り払うのが一般的。そのため、6日までを「松の内」といいます。

写真提供：株式会社珍樹園

しめ飾り

もともとは、神域と外界を分けるためのものです。これをお正月に門や玄関に飾り、家に不浄なものが入らないようにしています。

写真提供：有限会社猪股商事

1月

1月7日
七草

> **ねらい** お正月の7日目に、おなかにやさしい七草がゆを食べる慣習を知る。
> 七草に興味をもち、食べられる草の種類があることを知る。

七草がゆを食べて、おなかを休めましょう

3歳児 / 4歳児

みなさんは、お正月におもちを何個食べましたか？ ほかにも、おせち料理やごちそうをたくさん食べたことでしょう。毎日たくさん食べて、7日目にもなると「ごちそうはもう食べられないよ」とおなかが疲れてしまいます。だから、この日におなかにやさしい七草がゆを食べて、おなかを休ませてあげましょう。おかゆに7種類の草を入れることから、七草がゆといいます。

七草の名前を一緒に言ってみましょう

七草は、セリ、ナズナ、ゴギョウ、ハコベラ、ホトケノザ、スズナ、スズシロという7種類の草です。あまり聞いたことがないかもしれませんね。でも、スズシロというのは、大根のことなのよ。大根はみんな食べたことがあるわよね？　大根は、おなかにとってもいいの。ほかの6種類の草も、体にいいものばかりですよ。

まめ知識　春の七草

| ひとことで言うなら | お正月の終わりに、体によい七草の入ったおかゆを食べる日。 |

お正月は、おなかの工場が大忙し

おなかにある胃は、食べたものを細かくして腸というところに送ります。腸は栄養をすいとって、体の隅々に送る工場です。お正月は、おもちやごちそうを食べすぎて、おなかの工場も大忙し。みんなもおなかがパンパンじゃないかしら？　そこで、お正月の7日目に、やわらかいおかゆを食べて、おなかの工場を休ませてあげます。このおかゆには体の調子を整える7種類の草が入っているので、七草がゆというのよ。

5歳児
今日はお休み

元気が出る七草

みなさんは七草がゆに入れる7種類の草の名前を知っていますか？　セリ、ナズナ、ゴギョウ、ハコベラ、ホトケノザ、スズナ、スズシロという草です。昔から「健康で元気に過ごせますように」という願いを込めて、食べられてきたものなのよ。みなさんも七草がゆを食べて、卒園まで病気をしないで過ごせるといいですね。

成り立ちを知ろう

お正月が明けた1月7日は、春の七草の入ったおかゆを食べて、一年の無病息災を願います。七草は、「セリ、ナズナ、ゴギョウ、ハコベラ、ホトケノザ、スズナ、スズシロ」で、ナズナはペンペングサ、スズナはカブ、スズシロは大根のことです。七草それぞれに体の調子を整える働きがあります。秋の七草は、「ハギ、ススキ、クズ、ナデシコ、オミナエシ、フジバカマ、キキョウ」の7種類。秋の七草は、花を見ることを楽しみます。

1月 1月11日 鏡開き

ねらい お正月にお供えをした鏡もちを割って食べる慣習があるということや、鏡開きは幸せを願う日だということを知る。

鏡もちを割ってみましょう

3歳児 4歳児

今日は「鏡開き」といって、お正月にお供えした鏡もちを食べる日です。さあ、みなさん見てください。この木槌を使って、鏡もちを割ります。（実際に割ってみて）こんなに硬いおもちも、木槌で叩くと割れてしまうんですね。このおもちをおしるこに入れてみんなで食べましょう。とってもおいしいわよ。

一年間元気に過ごせますように

おもちには四角いものや丸いもの、いろんな大きさのものがありますね。先生が持ってきたこのおもちを見たことがありますか？ これはお正月に神さまにお供えしたおもちで、鏡もちといいます。この鏡もちを食べる日のことを「鏡開き」というんですよ。一年間、元気で幸せに過ごせるように、お願いをしながら食べましょうね。

成り立ちを知ろう

お正月に年神さまにお供えした鏡もちを下げ、割ったり砕いたりして雑煮やおしるこに入れて食べ、一家の円満を願う行事です。「鏡もち」という名前は、昔、神事などに使われていた青銅製の丸い鏡に由来することから、「切る」「割る」という不吉な言葉を避け、「開く」という縁起のよい言葉を使います。食べるときも包丁では切らないで手や木槌で割ります。もともとは1月20日に行われていましたが、徳川三代将軍家光の命日が20日だったために、11日になったといわれています。地方によっては今でも20日に行われます。

まめ知識

「おしるこ」と「ぜんざい」の違いは？

関東では、こしあんを使っているものを「おしるこ」と呼ぶことが多く、白玉もちなどに濃いあんをかけたものを「ぜんざい」と呼ぶようです。一方、関西では、「ぜんざい」というと、一般的につぶしあんのおしるこのことを指し、沖縄では甘く煮た金時豆の上にかき氷をのせたものを指します。

ひとことで言うなら 鏡もちを割って食べ、みんなの健康を願う日。

5歳児

鏡開きの「鏡」って？

お正月に、鏡もちをお供えしましたね。なぜ「鏡」というんでしょうね。昔の人は、鏡には神さまの力があると考えていました。だから、昔の鏡の丸い形をまねしたおもちを作って、お供えするようになったんです。今日は鏡開きといって、鏡もちを割って、お雑煮やおしるこにして食べる日。昔の人は、神さまからのパワーがもらえると考え、みんなで分け合って鏡もちを食べたそうですよ。

まめ知識　小正月のお祝いごと

元日を「大正月（おおしょうがつ）」と呼ぶのに対し、1月15日を「小正月（こしょうがつ）」と呼びます。旧暦で生活をしていた時代の名残りで、今でも地方によってはこのような行事を行うところがあります。

小豆粥（あずきがゆ）

15日の朝に小豆粥を食べて、家族の健康を祈願します。「十五日粥」とも呼ばれていて、もともとは中国から伝わった風習です。

餅花・繭玉（もちばな・まゆだま）

もちやだんごを小さく丸め、木の枝に飾って豊作を祈願する飾り木を「餅花」といいます。養蚕が盛んな地域では、もちやだんごを繭の形にした「繭玉」を飾ります。

粥占（かゆうら）

小豆粥を炊き、竹などの管を入れて煮立て、管に入った小豆や米の多少によって農作物の豊凶を占います。1月15日に各地の神社で行われます。

左義長（さぎちょう）

1月14日の夜、または15日の朝に火を焚き、前年のお札やお正月に飾った松飾り、門松、書きぞめなどを焼く火祭りの行事。その火で焼いたもちやだんごを食べると、一年を無病息災で過ごせるといわれています。「どんど焼き」「どんどん焼き」など、呼び名は、地方によってさまざまです。

写真提供：大崎八幡宮

119

1月 第2月曜日

成人の日

ねらい 日本では、18歳になると大人として認められることを知る。大人になった人をお祝いしたり、自分が大人になったらしたいことを話し合う。

ひとことで言うなら 18歳になって、大人の仲間入りをした人をお祝いする日。

3歳児・4歳児

大人になったお祝いをします

みなさんは、何歳から大人になるか知ってますか？ 18歳になると、まわりから「大人」として見られます。大人になったお祝いをする日を「成人の日」といいます。今は困っていたらお母さんやお父さんが助けてくれますが、18歳になったら、自分のことは自分でして、困っている人がいたら助けてあげる人になれるといいですね。みんなは大人になったら、何をしたいですか？

5歳児

18歳になると、大人の仲間入りをします

「成人の日」は18歳になった人が、体も心も成長して、いよいよ大人の仲間入りをする日です。そして、18歳になった人をみんなでお祝いしましょうという日です。大人になると、自分のしたことに責任をもたなくてはいけないの。みなさんもどんな大人になりたいか、考えてみましょう。

成り立ちを知ろう

日本では昔から男子は元服（げんぷく）、女子は裳着（もぎ）という成人儀礼がありましたが、年齢によって行うのではなく、一人前と認められる労働や社会基準に達したかどうかで判断されていました。1948年（昭和23年）、20歳を迎える青年を祝い大人の自覚を促すために1月15日が「成人の日」として国民の祝日に定められ、2000年（平成12年）からは1月の第2月曜日になりました。この日、各市町村で式典が開催されます。

2月

February
如月
きさらぎ

- 節分
- 建国記念の日
- バレンタインデー
- 生活発表会
- 天皇誕生日

2月 ・・・**2月3日ごろ**

節分

> **ねらい** 春を迎える前に、鬼を追い出すための豆まきをする風習を知る。
> 自分の心や体の中にいる鬼について考え、豆をまき鬼を追い払う。

3歳児 4歳児

年の数の豆を食べよう

みんなは鬼って知ってる？ 鬼って怖いですね。今日は「節分」です。元気な声で豆まきをして鬼をやっつけます。そのあと、豆を自分の年の数だけ食べると、鬼が近くに寄ってこられない丈夫な体になるんですって。みんなも豆まきをしたら、豆を食べましょう。さあ、いくつ食べればいいのかな。数えてみよう。

心や体の中にいる鬼にも、「鬼は外！」

豆まきのときには、「鬼は外！」って言いますね。鬼はどこにいるのかな？ 片付けイヤ、歯みがきイヤ、ピーマンイヤ、そんなイヤイヤ鬼はいないかな？ プンプン怒ってばかりのおこりんぼ鬼。ほかにも泣き虫鬼や風邪ひき鬼……。いろんな鬼が、心や体の中にすーっと入ってくることがあるの。困るわね。今日は思いっきり元気に「鬼は外！」で鬼を追い出しちゃおう。

Q&A
鬼って本当にいるの？

鬼は、ふだんは海の向こうの鬼が島に住んでるけれど、ときどきみんなの心の中にそっとやってきて暴れることがあるの。泣き虫鬼、お寝坊鬼、好き嫌い鬼。ほかにはどんな鬼がいるかな？ 豆まきをして心の中の悪い鬼を追い出しましょう。

 まめ知識
どうして豆まきをするの？

昔から米や豆などの穀物には霊力が宿っていると考えられていることから、節分には豆をまいておはらいをするという説があります。そのほか、健康であることを「まめ」ということから語呂合わせで豆をまく、あるいは「魔を滅する」ことから「まめ＝豆」になった、など諸説あります。

| ひとことで言うなら | 健康と幸せを願って豆まきをする日。 |

鬼が苦手なものを知ってる？

5歳児

みんな、鬼が苦手なものを知っていますか？ 鬼は昔からひいらぎという木と、いわしの頭が苦手だといわれています。それで、こんな飾りを作って鬼を追い払ったりもするの。これは、ひいらぎの小枝にいわしの頭を焼いて刺したもので「やいかがし」といいます。鬼はいわしのにおいや、ひいらぎの葉のとげがきらいで、これを見ると逃げ出してしまうそうですよ。お部屋の入り口に飾っておきましょうね。

いろんな鬼を追い出そう

「節分」には豆をまいて鬼退治をします。絵本や昔話に出てくるような鬼は、ふだんはみんなのまわりにはいませんね。でも、ときどき悲しい出来事や苦しい病気、弱い心やずるい心に姿を変えて、みんなのところにやってくるの。そんな鬼を追い出して、明日から春を迎えるために、昔から日本では節分に豆をまいてきたんですよ。

成り立ちを知ろう

本来、節分とは各季節の始まりの日（立春、立夏、立秋、立冬）の前日を指しましたが、今では立春の前日（2月3日ごろ）のみをいうようになりました。節分には「季節を分ける」という意味があり、暦の上では節分の翌日からは春になります。季節の変わり目には邪気（鬼）が生じると考えられていたため、それを追い払うために豆まきが行われます。そして、自分の年の数（あるいはそれに一つ加えた数）の豆を食べ、一年間の無病息災を願います。中国から伝わった陰陽五行説という思想では、縁起の悪い丑寅の方角を「鬼門」と呼び、鬼の棲家があると考えていました。この「うし」と「とら」から「牛のような角と虎のような牙」をもち、虎の皮のふんどしをつけた鬼の姿が生まれたようです。

2月 2月11日 建国記念の日

ねらい 自分たちが住んでいる日本という国について知り、この国とそこで暮らす人々や自然環境を大切に思う気持ちをもつ。

ひとことで言うなら 美しい日本の国ができたことをお祝いする日。

3歳児・4歳児 みんなが住んでいる日本という国を大切にしよう

みんなが住んでいる国を「日本」といいます。明日は、この日本という国ができたことをお祝いする日です。みんなは、日本のどんなところに行ったことがありますか？ 山や川で遊んだことがあるかしら。海を見たことがある人もいるかな。日本は海に囲まれていて、山や森の緑がいっぱいあって、川もたくさん流れていてとてもきれいな国です。みんなで大切にしたいですね。

5歳児 世界の中にある日本を知ろう

先生は、世界地図を持ってきました。みんなが住んでいる日本は、どこにあるかわかりますか。そう、ここ。ずっと高い空から見ると、こんな形をしているんですよ。ほかにもいろんな形をしている国がたくさんありますね。ほかの国の人たちに、日本がどんな国なのかたくさんお話しできるように、みんなも日本のことをもっといっぱい知っておこうね。

成り立ちを知ろう

1966年（昭和41年）、「建国をしのび、国を愛する心を養う日」として国民の祝日に定められました。この日は、『日本書紀』に記された神武天皇の即位第1日目を日本の紀元の始まりとして1872年（明治5年）に紀元節という祝日に定められていました。紀元節は1948年（昭和23年）に廃止されましたが1966年（昭和41年）に「建国記念の日」として復活し、翌年より施行されました。

Q&A 世界にはどんな国があるの？

世界には200近くの国があるのよ。いちばん広い国はロシアで、日本の45個分の広さがあるんですって。いちばんたくさんの人が住んでいるのは、インドなのよ。

2月 2月14日 バレンタインデー

> **ねらい** 人を好きになることがすてきなことだと知る。人を大切に思うこと、その気持ちを伝えることについて考える。

> **ひとことで言うなら** 「好き」という気持ちの伝え方を考える日。

3歳児 4歳児

「好き」という気持ちは大切なこと

今日はバレンタインデーといって、大好きな人たちに「好きですよ」という気持ちを伝える日なんですよ。みんなの大好きな人って誰かしら？ お父さん、お母さん、お友だち……たくさんの人を好きと思えるのは、とてもすてきなことです。みんなの「好き」という気持ちを、一人ひとりに伝えてみましょう。

好きな人に気持ちを伝えよう

5歳児

みんなには、「好き」と思う人がいますか。「好き」とはその人を大切に思うことです。その人が楽しくなるように、と考えながら、自分もやさしく、うれしい気持ちになることなのですね。「嫌い」と言われたら、悲しくなりますね。好きという気持ちは、たくさんの人をうれしくさせる力があるんですよ。相手がうれしくなる言葉で、伝えられたらいいですね。

いつも優しいお父さんが大好き！

成り立ちを知ろう

「聖バレンタインの日」という意味。古代ローマでは士気をそぐという理由で兵士たちの結婚が禁止されていました。それを見かねたキリスト教司祭バレンタインは、兵士たちを内緒で結婚させていました。そのことがローマ皇帝に知られ、2月14日に処刑されてしまいました。のちにバレンタインは恋人たちの守護神となり、この日に恋人たちが花やカードを贈り合うようになったようです。日本では1958年（昭和33年）に製菓会社がこの日にチョコレートの販売促進としてキャンペーンを行ったことから現在の形が定着しました。

2月

生活発表会

ねらい 友だちと一緒に歌ったり、演じたりし、イメージ豊かに表現することを楽しむ。家族や友だちに見てもらうことを喜ぶ。

3歳児 / 4歳児

前日まで　みんなの楽しんでいる姿を見てもらおう

○○ごっこをしたり、踊ったり、歌ったり、みんなとっても上手になりましたね。毎日みんなが楽しそうにやっているのを見ると、先生もウキウキうれしくなります。それで、△△組のみんなの楽しそうに踊ったり歌ったりする姿を、おうちの人たちにも見てもらいたいと思います。「とても楽しい発表会です。ぜひ、見にきてください」って招待状を渡してね。

当日　楽しむ気持ちを忘れずにがんばろう

いよいよ、発表会が始まりますね。どんな気持ちかな。うれしいね。ドキドキするね。おうちの人も、とっても楽しみにしていると思います。みんなが楽しくて、よしがんばろう！っていう気持ちだと、見ている人も楽しい気持ちになるんですよ。心が楽しいときって、顔もにこにこして、いい姿勢になって、大きくてきれいな声が出るのよ。さあ、先生と一人ひとり握手して、「がんばりパワー」でがんばってね。

Q&A

ドキドキしちゃうよ。うまく話せるかな？

みんなに一生懸命な気持ちや、楽しむ気持ちがあれば、見ている人にもちゃんと伝わるの。失敗したって、大丈夫。もし間違えたら、もう一度言い直せばいいし、お友だちが助けてくれるから安心してね。すてきな発表会にしましょうね。

| ひとことで言うなら | 友だちと一緒に練習してきた歌や踊りを発表する。 |

5歳児

前日まで ― お客さんも楽しくなるように

発表会まで、あと○日。楽しみですね。お客さんが見にくるから、どんなふうにしたらもっと楽しくなるか、みんなでいろいろ考えてみましょう。自分たちが楽しいだけじゃなくて、見ているお客さんにもみんなの気持ちが伝わることが大事なの。みんなで協力して本番までに作り上げていきましょう！

当日 ― みんながすてきな瞬間、楽しみだね

いよいよ発表会ですね。みんな、よくがんばってきました。先生は、みんなのがんばる姿を早くおうちの人に見てもらいたいな。ドキドキ、ワクワクするね。みんながこれまで練習してきたことを発表している瞬間はとってもすてきだと思います。友だちのすてきなところも見逃さず、あとでどんなふうにすてきだったか教えてあげてね。

保育の配慮

たくさんの人が見ているので、恥ずかしがったり、緊張する様子が見られたりするでしょう。自信をもって臨めるように、時間をゆっくりとって準備をしましょう。当日、会場に向かう前には歌を歌ったり、声を出したりして、子どもたちの気持ちが落ち着くような配慮が必要です。保護者の方には、それまでの取り組みや楽しんで練習してきたことも伝えると、より深く理解してもらえるでしょう。保育者は子どもたちを信頼すること、ハプニングが起きても笑顔で受け止める心がまえをもつことが大切ですね。

2月

2月23日 天皇誕生日

ねらい 日本と世界の人々が幸せに暮らせるように願っている天皇陛下の存在を知る。その誕生日をみんなでお祝いする日。

ひとことで言うなら みんなの幸せを願っている天皇陛下の誕生日をお祝いする日。

【3歳児・4歳児】日本のみんなでお祝いする天皇陛下の誕生日

みんなのお誕生日はいつですか？　明日は天皇陛下のお誕生日です。天皇陛下は、「世界中の人たちが幸せに暮らせるように」といつも願って、お仕事をされている方です。そのお誕生日をみんなでお祝いする日なんですよ。

【5歳児】天皇陛下は、世界の人たちの幸せを願っている方です

みんなは天皇陛下を知っていますか？テレビなどで見たことがある人もいるかな。天皇陛下は、日本や世界の人たちが仲よく幸せに暮らせるようにお仕事をされている方です。日本だけではなく世界のいろいろなところに出かけて、その地域の人の話を聞き、いろいろなものをご覧になります。困っている人がいたら励ましの言葉をかけてくださる、やさしい方です。その天皇陛下の誕生日が明日で、みんなでお祝いするために、園もお休みになります。

成り立ちを知ろう

1948年（昭和23年）に「天皇の誕生日を祝う日」として昭和天皇の誕生日である4月29日を国民の祝日に定めました。1989年（平成元年）からは、平成の天皇の誕生日である12月23日が、祝日となりました。2月23日は現在の令和天皇の誕生日です。

保育の配慮

子どもは誕生日が大好きで、その喜びをほかの人にも向けられるようになるよい機会が天皇誕生日です。この日は、日本には天皇陛下という方がいるということを子どもたちが意識するよい機会でもあるので、「〜していらっしゃる」など、少し改まった話し方を心がけましょう。

3月

March
弥生

- 耳の日
- ひな祭り
- 春分の日
- お別れ会
- イースター
- 卒園式
- 終業式

3月 3月3日 耳の日

ねらい 耳の役割を考え、聞くことの大切さを知る。耳をすませると、いろいろな音が聞こえることに気づき、音への関心を高める。

3歳児 4歳児

いろんな音がありますね

耳をすませてみましょう。何か聞こえてきたかしら？となりのお部屋からはすてきな歌声が聞こえてきましたね。もっと耳をすませると、風の音も聞こえてきました。みんなは、車が走る音、虫の鳴き声など、たくさんの音を耳で聞いています。耳をふさぐと何も聞こえなくて、とても不安になるでしょ。そんな耳を「大切にしましょうね」という日が、今日の「耳の日」なんですよ。

5歳児

手話に挑戦してみよう

3月3日は、「耳を大切にしよう」という耳の日。3は「み」とも読むから、「み（3）み（3）の日」になったんですって。数字の3をよく見ると、耳の形に似ているわね。みんなは声や音を耳で聞いています。耳が不自由な人は、音を聞くことができないけれど、手の形や動かし方で話をすることができます。これを「手話」といいます。さあ、手話で「こんにちは」をやってみましょう。

「こんにちは」

成り立ちを知ろう

「み（3）み（3）」が耳に通じることから、1956年（昭和31年）に日本耳鼻咽喉科学会が制定しました。耳や聴力の重要性を知ること、病気の予防や治療法などの理解を深めることを目的としています。語呂合わせだけではなく、耳などが不自由だったヘレン・ケラーの先生であったアン・サリバン・メイシー女史が幼いヘレンに献身的な指導を始めた日といわれています。

130

> **ひとことで言うなら** 耳を大切にして、いろいろな音を聞いてみる日。

子どもと手話をしてみましょう！

子どもたちと一緒に、手話をしてみましょう。最初は簡単に覚えることができるあいさつから始め、慣れてきたら手話をつけて歌ってみるのも楽しいですよ。

おはよう

❶ 片手を握り、こめかみのあたりから、あごのほうに下ろします（握りこぶしを枕にたとえて、寝ている状態から起きる様子を示しています）。

❷ 両手の人差し指を立てて向かい合わせ、指先を曲げます（2人がおじぎをしている様子を示しています）。

こんにちは

❶ 人差し指と中指を重ねて、額の中央に当てます（時計が正午を指している様子を示しています）。

❷ 両手の人差し指を立てて向かい合わせ、指先を曲げます。

ありがとう

❶ 片方の手を、甲を上にして胸の前に出し、もう一方の手を直角にのせます。

❷ のせたほうの手を上に上げます（勝った力士が手刀を切る様子に由来しているといわれています）。

Q&A
どうして耳は聞こえるの？

耳は外側だけではなくて、穴の奥のほうまでつながっているの。外側では音を集め、その音が穴の奥に入って、「いい音だな」「いやな音だな」「なんて言っているのかな」と、聞き取ることができるのよ。耳の近くで大声を出したり、穴の奥まで水やゴミが入ってしまうと傷ついて、聞こえなくなることもあるの。気をつけようね。

保育の配慮

補聴器は、まわりの音や声を聞こえやすくするため、聞こえにくい人の手助けをしている大切なものです。補聴器をつけている人と話すときは、相手の人が聞き取れるよう目を見ながら、少しゆっくり話をすることを伝えましょう。子どもたちがごく自然に対応し、お互いの理解を深め合えるよう、日頃からあたたかい雰囲気づくりを心がけたいですね。

3月 3月3日 ひな祭り

> **ねらい** ひな祭りには、女の子が元気で幸せに育つように願いが込められていることを知る。ひな人形を作ったり飾ったりしながら、みんなでお祝いする楽しさを味わう。

3歳児 / 4歳児

女の子のお祝いの日です。みんなでお祝いしよう

3月3日は「ひな祭り」といって、女の子のお祝いをする日です。女の子がいるおうちでは、おひなさまや桃の花を飾っているかもしれないわね。男の子も、5月5日のこどもの日に、みんなでお祝いしましたね。ひな祭りやこどもの日は、子どもたちが大きくなったことに「ありがとう」と言って、これからも病気になったり、ケガをしたりしませんように、とお願いする日なんですよ。男の子も女の子も一緒にお祝いしましょうね。

おうちの人に「ありがとう」を言いましょうね

みんなのお父さんやお母さん、おじいちゃんやおばあちゃん、そして先生たちも、子どもたちが丈夫で元気に育ちますように……といつも思っています。みんなも元気でいることはうれしいわね。ひな祭りのお祝いでは、みんなのことをいつも大切に思ってくれているおうちの人に、「どうもありがとう」の気持ちをお伝えしましょうね。

Q&A
どうしてひなあられを食べるの？

あられの色は、桃色、緑、黄色、白。それぞれが春、夏、秋、冬の季節を表しているんですよ。どの季節も健康でいられるように、と願って食べるの。

保育の配慮

子どもたちに受け継ぎたい伝統行事の一つです。大きく成長した喜びや、家族やまわりの人が、自分の成長をお祝いしてくれるうれしさをともに感じ、子どもたちの心のなかに芽生えたまわりの人への感謝の気持ちを大切に受け止めましょう。

| ひとことで言うなら | 女の子の健康と幸せを願い、みんなでお祝いする日。 |

ひな人形を飾って成長を祝おう

ひな祭りは、ひな人形や桃の花を飾って、女の子の成長と幸せを願う日です。おひなさまには、子どもが病気をしませんように、幸せに育ちますようにという願いが込められているのよ。お内裏（だいり）さまとおひなさま以外にも、飾られている人形がいます。2段目の「三人官女（さんにんかんじょ）」はお内裏さまやおひなさまの身のまわりのお世話をする人たちで、3段目の「五人囃子（ごにんばやし）」は音楽を演奏する人たちなのよ。

5歳児

流しびなって知ってる？

子どもたちに悪いことが起きないように、紙のひな人形に、病気やケガなどのよくないことを持っていってもらい、川に流すひな人形を流しびなといいます。流しびなは、ひな祭りの始まりといわれています。紙のひな人形がだんだん立派になってきたので、川に流さないで、おうちに飾ってお祝いするようになりました。でも今も、昔のように流しびなをして、子どもたちの幸せを願うところもあるんですよ。

成り立ちを知ろう

五節句の一つで、「桃の節句」ともいい、女の子の成長や幸福を願うお祭りです。平安時代に行われていた着せ替え人形で遊ぶ「ひいな遊び」と、奈良時代から行われていた紙人形を自分の災いの身代わりにして流すという「流しびな」の風習が結びついて、ひな祭りに発展したようです。その後、室町時代になると紙人形ではなくひな人形を飾って、お祝いをするようになりました。この行事が江戸中期ごろには武家社会や裕福な商家などへも広まり、人形も豪華なものになっていきました。

3月 3月3日 ● ひな祭り

行事の風習

ひな人形

宮中の結婚式の様子といわれているひな壇。ひな壇に飾られるようになったのは、江戸時代の終わりごろからです。

- 最上段
- 2段目
- 3段目
- 4段目
- 5段目
- 6段目
- 7段目

写真提供：株式会社 久月

● 最上段 **内裏びな（だいり）**
お内裏さまとおひなさま。両側にぼんぼり、中央に桃花酒、後ろに金屏風。

● 2段目 **三人官女（さんにんかんじょ）**
身のまわりの世話をする女性。内裏びなにつき従い、その下段に飾られます。

● 3段目 **五人囃子（ごにんばやし）**
演奏をする人たち。向かって左から、太鼓、大鼓（おおかわ）、小鼓、笛、謡（うたい）。

● 4段目 **随身（ずいじん）**
左大臣（向かって右の老人）、右大臣（向かって左の若人）。

● 5段目 **三仕丁（さんじちょう）**
いろいろな世話をする男性で、持ちものは、熊手、ちりとり、ほうきなどです。

● 6～7段目 **雛道具（ひなどうぐ）**
6段目はたんすや鏡台などの花嫁道具。7段目に橘（たちばな）、桜、お駕籠（かご）、重箱、御所車。

● **ひしもち**
三色のひしもちは、赤が桃の花、白が白酒、緑がよもぎを表しているといわれています。

● **桃花酒**
昔は魔よけの力があるという桃花酒で祝いましたが、現在は白酒が主です。

134

3月 3月21日ごろ 春分の日

ねらい 日差しの暖かさから、季節の移り変わりを感じる。春分の日を過ぎると、昼の時間が長くなることを知り、春の訪れを楽しみにする。

ひとことで言うなら 寒い冬から暖かい春へ変わり始める日。

暖かい春がやってくるよ

最近は夕方になっても、まだ空が明るいことに気づいた人はいるかしら？ 少し前までは、真っ暗だったのにね。それから、だんだんと暖かくもなってきたわね。春が近づいてきているんですね。枝の先の小さな芽も、春が来るのをそっと待っています。冷たい北風が暖かい春風に変わると、小さな芽は少しずつふくらんで、新しい葉っぱを広げてくるんですよ。

3歳児 4歳児

5歳児

昼と夜の長さが同じ

冬の間は、夕方になるとすぐに暗くなっていたけれど、最近はなかなか暗くならないでしょ。春分の日には、昼と夜の長さが同じになります。そして春分の日を過ぎると、お日さまが出ているお昼の時間が少しずつ長くなっていきます。それから、昔から春分の日にはお墓参りをします。お墓で眠っているご先祖さまに「いつもお空で見守ってくれてありがとう。私たちは元気ですよ」とお知らせをするためなんですよ。

成り立ちを知ろう

「自然をたたえ、生物をいつくしむ日」として、1948年（昭和23年）に定められた国民の祝日。二十四節気の一つでもある春分の日は、秋分の日と同様に、太陽が真東から昇って真西に沈む日で、昼夜がほぼ同じ長さになります。「暑さ寒さも彼岸まで」といい、春分の日を境に寒さもやわらいできます。春分の日を中日とし、前後各3日ずつの計7日間を「彼岸」といいます。「彼岸」とは「向こう岸」という意味で極楽浄土を指します。彼岸にはおはぎやだんごなどを仏壇に供え、お墓参りをする風習があります。

3月

お別れ会

ねらい 卒園するみんなへの感謝の気持ちを込めてお別れ会の準備をする。園での楽しい思い出について話し合い、進級・進学への期待を高める。

5歳児クラスのみんなに「ありがとう」を伝えよう

みんなが今よりも小さかったころ、困っていたり泣いていたりすると、「どうしたの？ 大丈夫？」とやさしく助けてくれましたね。5歳児クラスのみんなは、もうすぐ園とさよならをして小学校へ行きます。お別れするのは寂しいけれど、「やさしくしてくれてありがとう」の気持ちを込めてお別れ会を開きます。喜んでもらえるように、みんなで準備をしましょうね。

今度はみんながお兄さん、お姉さん

5歳児クラスのみなさんが小学校へ行くと、今度はみんなが園のお兄さん、お姉さんです。みんなが小さかったときに、5歳児クラスのみなさんがしてくれたことを覚えていますか？ そっと手をつないでくれたこと、涙をふいてくれたこと、一緒に遊んでくれたこともたくさんありますね。これからは、みんながしてもらってうれしかったことを、小さいお友だちにも同じようにしてあげてください。

Q&A

卒園したら、会えなくなっちゃうの？

大丈夫。きっとまた「なつかしいなあ」って遊びにきてくれるわよ。そのころは、みんなも背が大きくなっているわね。ランドセルは重い？ 小学校の勉強はどんなことをするの？って、学校の話をいっぱい聞かせてもらおうね。

| ひとことで言うなら | 5歳児クラスのお友だちに、ありがとうの気持ちを伝える日。 |

園でのすてきな思い出に

みんなは5歳児クラスになってから、小さいお友だちを助けてくれたり、一緒に遊んでくれたりしましたね。動物のお世話の仕方もやさしく教えてくれました。だからありがとうの気持ちでいっぱいです。小学校へ行くみんなのために、○○組さんたちがお別れ会を開いてくれるそうですよ。園で過ごすのも、あと少しになってしまって寂しいけれど、すてきな思い出がまた一つ増えてうれしいわね。

5歳児

楽しかったことを思い出してみようね

友だちや先生たちと一緒にたくさん遊んだこと、遠足や夏祭り、みんなで園にお泊まりをしたこともありましたね。最後までがんばった運動会や拍手がうれしかった発表会、園庭を探検したこと、みんなの秘密基地もすてきな思い出ですね。卒園してお別れしても、園で過ごした毎日を思い出すたびに、楽しかったことや、大好きな友だちの笑顔が浮かんできて、心のなかがうれしい気持ちになってくれるといいなと思います。

小学校ってどんなところ？

小学校は1年生から6年生までたくさんのお友だちがいて、広くて大きいところです。もちろん勉強があるから、教科書やノート、筆箱を、毎日ランドセルに入れていくのよ。みんなのランドセル姿、すてきだろうな。

保育の配慮

3歳・4歳児には、5歳児との思い出について話し合い、感謝の気持ちを深めましょう。5歳児がたくさんの思い出と期待を胸に、新たな出発の日を迎えられるように、楽しいひとときにしたいものです。

3月

3月下旬～4月下旬ごろ

イースター

ねらい イエス・キリストがよみがえったことをお祝いするお祭りであることを知る。さまざまな生き物の命の誕生と春の訪れを喜び合う。

ひとことで言うなら イエス・キリストが生き返ったことと、春が来たことをお祝いする日。

イースターの不思議なたまご

【3歳児・4歳児】

イースターのお祭りでは、「イースターエッグ」といって、ゆでたまごの殻に好きな模様や絵を描いたものを飾るのよ。外国では街中が、きれいな色のたまごや、たまごの形をしたお菓子でいっぱいになるんですって。イースターの日には、お友だちどうしで「イースターエッグ」をプレゼントして、春が来たことをお祝いしましょう。

イエス・キリストが生き返った日

【5歳児】

十字架の上で死んでしまったイエス・キリストさまは、3日後にまた生き返りました。本当は、一度死んでしまうと生き返ることはできないけれど、イエスさまは神さまの子どもなので、不思議なことが起きたのかもしれないわね。イエスさまが生き返ったことをお祝いするお祭りをイースターといいます。外国では、ごちそうを食べたり、パレードをしたりしてみんなでにぎやかに過ごすそうよ。

成り立ちを知ろう

イエス・キリストが死後3日目によみがえったことを祝う日。「復活祭」とも呼ばれ、「春分の後の最初の満月の直後の日曜日」（3月下旬～4月下旬ごろ）に行われ、キリスト教では重要な行事とされています。イースターは春の訪れを祝う祭りでもあり、生命の始まりを表すたまごは象徴とされています。欧米ではカラフルな模様のイースターエッグを探すエッグハント、割らないように転がすエッグロールという子どもの遊びがあります。

3月 卒園式

ねらい 卒園式に参加し成長した喜びを友だちどうしで分かち合う。たくさんの人に支えられて成長してきたことを感じ、就学への期待を高める。

ひとことで言うなら 園での思い出を胸に、未来に向かって歩き出す日。

まわりの人への感謝の気持ち

5歳児

小さかったみんなも、もうすぐ1年生。心も体もすっかり大きくなりましたね。みんなは、おうちの人やご近所の人、たくさんの友だちや先生たち、いろいろな人に囲まれて大きくなりました。みんなは、一人ではありません。まわりにいる人が、みんなのことを大切に思っていることを、どうぞ忘れないでくださいね。これからもまわりの人とのつながりを大切に、笑顔のすてきなみなさんでいてください。

小学校に行っても、元気でがんばってね

一緒に遊んだり笑ったり、泣いたり……みんなで過ごした時間は、心のなかでキラキラ輝く大切な宝ものです。一人ではできなかったことも、みんなで手をつないで、心と心を合わせたら勇気が出てきて、挑戦することができましたね。小学校へ行っても、友だちを大切に思うみんなでいてもらえたらうれしいです。すてきな思い出をありがとう。また遊びにきてください。

保育の配慮

「小学校はどんなところ？」「友だちはできるかな？」など、進学に対する具体的な心配を察知し、不安な思いを十分に受け止めましょう。保護者や保育者など、まわりの大人が進学を意識しすぎてしまうと、その緊張は子どもにも伝わってプレッシャーになります。家庭と連携しながら、入学が楽しみになるように、子どもたち一人ひとりの心の動きを見つめ、サポートしましょう。

3月 終業式

> **ねらい** 終業式に参加し進級への期待を高める。一年間の思い出について話し合い、友だちと一緒に成長を喜び合う。

> **ひとことで言うなら** 一つ大きくなるうれしさをみんなで分かち合う日。

3歳児 / 4歳児

一年の成長を感じて

みんな、ちょっと立ってみましょう。わあ！ いつのまにかずいぶん背が伸びたのね。大きくなったわね。○○組になったばかりのころは「できない！」と言っていたことも、あきらめないでチャレンジしたら、いろいろなことができるようになりましたね。先生はがんばっているお友だちをやさしく応援する、みんなのことが大好きです。これからも、何にでもチャレンジして、お友だちにもやさしくしてくださいね。

4月には、小さなお友だちができますよ

今日は終業式です。もうすぐ一つ大きな組になりますね。4月になると、新しい小さなお友だちをお迎えするのよ。小さなお友だちは、わからないことがたくさんあって、困っていたり、泣いちゃったりするかもしれないの。もし、そんなお友だちを見つけたらどうする？ そうね、「どうしたの？」とやさしく声をかけてあげてくださいね。小さなお友だちも安心して、園やみんなのことを大好きになってくれると思います。

保育の配慮

進級する子どもたちと、「してみたいこと」や「楽しみなこと」について話し合ってみましょう。自分の思いを伝えたり、まわりの友だちの考えを聞いたりすることで、進級への期待はふくらみます。なかには、進級への不安を抱いている子もいるので、一人ひとりと向き合い、進級に対する前向きな気持ちがもてるようにしたいですね。4月には新しい仲間が増えることも伝えましょう。

保護者への
スピーチ

- 入園式
- 始業式
- 避難訓練
- 誕生会
- 保護者会・新学期
- 母の日
- 父の日
- 保護者参観日
- お泊まり会
- 敬老の日
- 運動会
- 作品展
- 生活発表会
- 保護者会・学年末
- 卒園式
- 終業式

4月 入園式

入園児の保護者向け

家庭との連絡を取り合いながら、よりよい園生活を

本日は、お子さまのご入園、おめでとうございます。保護者のみなさまも、この日を喜びと期待をもって待っていらっしゃったと思います。園は、お子さまにとって人生で初めての社会です。ここでさまざまなことを経験し、たくさんの人と関わり、社会性を身につけていきます。ご家庭と園とで連絡を取り合いながら、子どもたちがよりよい園生活を過ごせるよう、私たちも努めてまいります。どうぞよろしくお願いいたします。

子どもと一緒に経験し、ともに成長していきたい

保護者のみなさま、本日はおめでとうございます。私は○○組担任の○○です。どうぞよろしくお願いいたします。今日この日が来ることを、とても楽しみに待っていました。これから一年間、子どもたちと一緒にいろいろなことを経験し、ともに成長していきたいと思っています。園生活のなかで、ご心配な点などございましたら、いつでも声をかけてください。みなさまと一緒に解決し、お子さまの成長を支えていきたいと思っております。

4月 始業式

3・4歳児の保護者向け
新たな一年の成長を見守っていきます

保護者のみなさま、お子さまのご進級おめでとうございます。○○組の一年間で、子どもたちはたくさんの経験をし、心も体も大きくなりました。△△組に進級した今の子どもたちは、うれしさいっぱいで、いい顔をしています。これからの一年も、またさまざまな経験をして人間関係を築き、心も体もより成長していくと思います。私たちも、保護者のみなさまと一緒に子どもたちの成長を支えていきたいと思っております。どうぞよろしくお願いいたします。

5歳児の保護者向け
園生活の仕上げの一年を大切に過ごしていきたい

ご進級おめでとうございます。今年度○○組の担任となりました、○○です。よろしくお願いいたします。今年はいよいよ最年長のクラスですね。憧れだった○○組として子どもたちは自信満々のようです。これから新入園児を迎え、いちばん上のお兄さん、お姉さんとしてお世話をしようと張り切っていると思います。園生活最後の一年間、思いやりと仲間の大切さを伝えながら楽しく過ごしていきたいと思います。

4月 避難訓練

3・4歳児の保護者向け　子どもたちの安全を第一に確保しています

園で火災や地震が起きた場合には、その場にいる保育者が子どもたち一人ひとりの安全を確保するとともに、子どもたちを速やかに安全な場所へ避難させます。今回の訓練では、子どもたちは落ち着いて保育者の話をしっかりと聞き、園庭まで素早い避難ができました。実際に災害が起きたときは、お子さん一人ひとりの安全が確認できましたら、おうちの方に引き渡しをいたします。引き取られたあとも、気をつけてお帰りください。

5歳児の保護者向け　ご家庭でも災害時の安全確認を

園で災害が起こった場合には、子どもたちの安全は保育者が把握し、確保いたします。もし、ご家庭で災害があった場合は、お父さまやお母さま、おうちの方がお子さんを守ることになります。ご家庭でも、地震や火災が起こったとき、自分たちがどうするべきか、普段から身を守る方法や避難の方法、避難場所などを、お子さんと一緒に確認しておくことも大事です。災害は、いつどこで起こるかわかりません。いざというときに備えて、普段から子どもたちが自分で身を守れるように、一緒に考えていきましょう。

4月 誕生会

3・4歳児の保護者向け
子どもと一緒に成長を喜びましょう

誕生日を迎えたお子さんのお父さま、お母さま、おめでとうございます。誕生日はみなさんのお子さんが生まれた日です。腕に入るくらい小さかったお子さんが自分の足で立ち、園に通い、お友だちや先生と話したり遊んだりするようになりました。いま子どもたちは、遊ぶことによって楽しさを感じ、遊びを通して成長していっています。自分でできることも増えてきていますね。「大きく元気に育ちますように」という願いのもと、誕生日に子どもたちは着実に一つ大きくなります。この日を、お子さんと一緒に喜びましょう。

5歳児の保護者向け
一歩ずつの成長を見守っていきましょう

誕生日は、お子さんが生まれた大切な日。この日はお父さま、お母さまにとって待ちに待ったお子さんとの出会いの日であり、「お父さん」「お母さん」となった日です。その日から今まで、お子さんの姿は日々変化し、成長してきたことと思います。一つひとつの成長が初めてで、うれしいことであると同時に、戸惑ったり驚いたり、新しい発見があったりしますよね。これからも、お子さんがどんなふうに成長するのか、私たちもとても楽しみです。ご一緒にあたたかく見守っていきましょう。

4月 保護者会・新学期

3・4歳児の保護者向け
子どもを受け入れ安定の場を

園生活がスタートして、お子さまの家での様子はいかがでしょうか。今までよりさらに甘えん坊になって、園に入ったのにこれでは心配だわ……と思われた方もいらっしゃるのではないでしょうか。初めて園という環境に入った子どもたちです。疲れて当然です。どうぞお父さまやお母さまというあたたかな港で、スキンシップをとりながら甘えさせてあげてくださいね。子どもたちは、安心、安定すると、自ら海へとこぎだします。

5歳児の保護者向け
子どもと経験を共有し前向きに関わり合いましょう

新年度がスタートしはりきっている5歳児クラスの子どもたちは、体も心もグンと成長する一年です。特に心は繊細になっていき、友だちと比べてできないことに落ち込んだり、友だちのひとことに傷ついたりすることもあります。また、ものの仕組みに興味をもち、いろいろなことを知りたいと思うようになります。おうちの方には、子どもたちのために「してあげる」だけではなく、友だちのように話を聞いたり、私だったらどうするかなどを助言したり、知りたいことを一緒に調べたり、そうした形で一緒に行う関わりを増やしていっていただければと思います。

5月 母の日

3・4歳児の保護者向け
母と子がお互いの存在を確認し合う日です

子どもたちにとって、一緒にいることが当然の母親。お母さま方にとっても生まれてきたかわいいわが子を慈しみ育てるのは、自然なことでしょう。母の日とは、互いの存在を改めて意識する日なのかもしれません。園では子どもたちに、普段お母さんがしてくれていること、お母さんのどんなところが好きなのかなどを考えることを通して、自分にとっての母親の存在を確認していけるようにしたいと思っています。それが人への感謝の気持ちの出発点になります。子どもが大好きという気持ちを伝えてきたら、しっかりと受け止めてあげてください。

5歳児の保護者向け
感謝の気持ちを表す大切な日

5歳児クラスの子にとっての母の日は、どのような意味があるのでしょうか。感謝の気持ちをもつのはもちろんですが、園では感謝の気持ちの表し方をクラスのみんなと話し合い、友だちの意見を聞きながら、いろいろな考えやアイデアがあることに気づいてほしいと考えています。また、話し合いやプレゼント作りの過程で、お母さんのことを思いながら心を尽くす経験を重ねていってほしいと思います。

6月 父の日

3・4歳児の保護者向け
子どもたちはお父さんが大好きです

今日は、お忙しいなか、ようこそおいでくださいました。お父さまたちと、こういう機会をもてますことを大変うれしく思っております。父の日に向けて、子どもたちにお父さまのことを聞いてみました。好きなところは？と聞くと、「一緒に遊んでくれる」「やさしい」「力持ち！」という声が。また「うちのお父さんはね……」と、おうちでのお父さんの姿やお仕事のことなど、たくさん話してくれました。今日、子どもたちは大好きなお父さんと一緒に、歌ったり遊んだりするのをとても楽しみにしています。どうぞよろしくお願いいたします。

5歳児の保護者向け
子どもたちへの愛情を伝えてください

いつも忙しいお父さんのために、子どもたちができることをみんなで話し合いました。絵を描いてプレゼントしたり、肩をたたいたりと、子どもたちからたくさんのアイデアが出たので楽しみにしてください。愛情のこもったプレゼントを受け取ったら、たくさんほめて認めてあげてくださいね。普段はお子さまと過ごす時間がなかなかとれないかもしれませんが、いつも見守っていることを伝えると、お子さまは喜ぶと思います。

6月 保護者参観日

3・4歳児の保護者向け

子どもたちの園での様子を見届けてください

本日はようこそおいでくださいました。子どもたちは園でどうしているかしら？と、毎日心配されている方もいらっしゃると思います。どうぞ、今日はゆっくりと子どもたちの園での姿をご覧になってください。ただ、お父さん、お母さんがいらっしゃっていつもと雰囲気が違うので、甘えん坊になったり、恥ずかしがったり、はしゃいだりする姿も見られると思いますが、それはうれしくてしかたのない気持ちでいっぱいだからだと思います。どうぞ、心配したり、叱ったりせず、笑顔で見守ってくださいね。

5歳児の保護者向け

おうちの方が来るのを楽しみにしていました

本日は、お忙しいなかお越しいただき、ありがとうございます。5歳児のクラスに進級して、子どもたちは毎日はりきっています。今日、おうちの方がいらっしゃることも楽しみにしていました。おうちの方に見てもらっていることは、うれしい反面、緊張して普段の力を発揮できないお子さんもいるかもしれません。そんなときは、みなさんがにこにこ笑顔で見守ってくださると、子どもたちもほっとできると思います。どうぞ、ありのままの姿をあたたかく見守ってください。

8月 お泊まり会

5歳児の保護者向け

出発前
ひと回り大きくなった姿を楽しみにしていてください

今日からお泊まり会です。ご両親から離れて、子どもたちは園で過ごします。お泊まりが初めてで不安なお子さんもいると思いますが、先生やお友だちと一緒に遊び、生活することは、きっと楽しい思い出になることでしょう。できることはなるべく自分たちでやれるようにします。健康面や生活面など、何か困ったことがあれば、必ず保育者が対応いたしますのでご安心ください。この経験が自信につながり、ひと回り大きくなって帰ってくる子どもたちを楽しみにしていてください。

帰宅前
お泊まり会を経験し、成長した子どもたち

ご両親から離れて、2日間を無事で安全に過ごすことができました。友だちや先生と力を合わせて料理をしたり、布団を敷いたり、初めてのことにもがんばって挑戦する姿がありました。困ったことがあったときは、友だちや先生と助け合っていました。この楽しく過ごした経験や挑戦したことが、それぞれのお子さんの自信につながっていることでしょう。お泊まり会の楽しい思い出が、お子さんからたくさん聞けると思います。

9月 敬老の日

3・4歳児の保護者向け

祖父母の愛情に包まれて子どもたちは成長します

もうすぐ敬老の日を迎えます。子どもたちからは、「おじいちゃんとお出かけしたよ」「おばあちゃんと一緒にお菓子を作ったの！」など、おじいさま、おばあさまとのほほえましいエピソードを、たくさん聞きました。子どもたちの心のなかに、おじいさま、おばあさまのあたたかい愛情が息づいているのですね。これからもご家族のみなさまの大きな愛に包まれて、子どもたちが健やかに成長していくことをともに見守っていきたいと思います。

5歳児の保護者向け

お年寄りへの優しさをもってほしいと願っています

敬老の日を前に、お年寄りの方々が、家族や世の中のためにたくさん働いてきたこと、年を重ねると不自由な面も増えてくることなどについて話し合いました。「席を譲る」「手をつなぐ」など、自分なりにできる手助けを考えている子どもたちです。街に出たときに、困っているお年寄りを見かけたら、お子さんが、お年寄りの手助けができるようサポートをしてあげてください。互いに助け合い、やさしさが重なり合う喜びを、子どもたちにも感じてもらえたらと願っています。

10月 運動会

3・4歳児の保護者向け

初めて運動会に参加する子どもたちを応援してあげましょう

明日は運動会です。子どもたちはとても楽しみにしています。初めての運動会なので、保護者の方は楽しみな気持ちと、心配な気持ちが入り交じっていらっしゃることと思います。3歳（4歳）児にとっての運動会の意味は、当日までの過程を含めて運動することを好きになり、みんなで協力し合うことを楽しいと感じることにあると考えています。かけっこやダンスは心も成長させます。どうぞ大きくなったお子さんの姿を見てあげてください。

5歳児の保護者向け

運動会でさまざまなことを学びます

5歳児組の子どもたちは今、ぐんぐんと成長しています。運動会までの過程を通して、子どもたちはさまざまなことを学びました。自分の気持ちを友だちに伝える、友だちの気持ちを受け入れる、我慢する、協力する、小さい子の手助けをする、応援する、最後まであきらめない気持ちをもつ、そして力いっぱい体を動かすこと……など。心身の成長を、ぜひおうちの方にも感じていただきたいと思います。そして、友だちと一緒に楽しみながら輝いている子どもたちに、大きな声援を送っていただければと思います。

11月 作品展

3・4歳児の保護者向け
子どもたちの個性豊かな作品をほめてあげましょう

この時期の子どもたちは自分の力を発揮し、創造力豊かにいろいろなことに取り組んでいます。一人ひとり、表現の仕方はさまざまなので、大人から見た出来栄えを評価するのではなく、作品から伝わってくる子どもたちの思いを感じとってください。また、お子さんの話を聞きながら見ていただくと、作品が生き生きとしてくると思います。どうぞ、お楽しみください。そして、たくさんほめてあげてくださいね。

5歳児の保護者向け
作品を通じて、子どもたちの成長を感じてください

今回が最後の作品展です。作っている過程での思いや取り組みを見ていただくのはもちろんですが、今回は子どもたちが一生懸命作った作品を通して、成長を感じていただきたいと思っています。作品からもわかるように、昨年と比べて、イメージも豊かになり表現の幅も広がっていろいろなことがとても上手にできるようになりました。作品を見ながらぜひ感想を伝えてあげてください。子どもたちが小学校にあがっても、ものを作ることに喜びを感じ、想像力豊かに成長していくことを願っています。

2月 生活発表会

3・4歳児の保護者向け
たくさんの拍手が子どもたちの励みになります

明日は、待ちに待った発表会です。子どもたちはやる気いっぱいです。プログラムには今までくり返し楽しんできた遊びを取り入れました。子どもたちの成長を感じていただけたらと思っています。3・4歳児の時期は、見せるためにというよりも、友だちや先生と一緒に楽しみ、そのなかで自分を表現することを大切にしています。もしかしたら、いつもと違う雰囲気に緊張して、ハプニングもあるかもしれませんが、みんな一生懸命がんばりますので、どうぞ笑顔で見守ってあげてください。そしてたくさんの拍手をお願いします。かわいい姿を楽しみにしていてください。

5歳児の保護者向け
お子さんに感想を伝えてあげてください

本日の、子どもたちの晴れ姿は、いかがでしたでしょうか。去年までは、まだ幼くて自分のことだけで精一杯だった子どもたちが、今年は友だちと相談したり、助け合ったりしながら、協力して今日のこの日を迎えました。一つひとつに取り組んだ時間は、子どもたちにとって充実したものだったと思います。また、子どもから生まれる発想や表現、友だちどうしで影響し合う力に、私自身もとても感動しています。おうちの方からの言葉が何よりのごほうびですので、ぜひ、感想を伝えてあげてください。

3月 保護者会・学年末

3・4歳児 の保護者向け

一年で成長したことを伝えてあげてください

子どもたちは毎日生き生きと園生活を送っています。この一年での成長は本当に大きく、言葉が明瞭になり状況の説明もできるようになってきました。何より友だちと遊ぶことが楽しくて、いろいろなことをやってみたいと意欲が出てきました。どうぞ、学年末の日には大きく成長したことを「大きな声でお話できたね」「着がえをひとりでできるね」と具体的な言葉で伝えてください。認められることが自信と意欲につながります。

5歳児 の保護者向け

小学生になるお子さまのさらなる成長を期待して

いよいよ卒園、あっという間の◯年だったことでしょう。この一年、子どもたちは友だちと話し合い協力して、一つのことを成し遂げることができるようになってきました。友だちを思いやる心も育ち、状況に応じた態度も取れるようになりました。どうぞ子どもたちの成長したところを具体的に認めて、ほめてあげてください。その言葉が、小学校への不安を期待に変えます。おうちの方の日々のご協力に感謝申し上げます。ありがとうございました。

3月 卒園式

5歳児の保護者向け

保護者のみなさまのおかげで無事にこの日を迎えられました

本日は、お子さまのご卒園おめでとうございます。今まで子どもたちのやさしさや、笑顔に囲まれて、とても充実した幸せな毎日を過ごすことができました。かけがえのない大切な思い出ができたのも、保護者のみなさまのあたたかいご理解とご協力のおかげです。心より感謝申し上げます。これから新しい道を歩み始める子どもたちの未来が、明るく輝き続けますように、お祈りしております。

これからの子どもたちの成長が楽しみです

ご卒園おめでとうございます。園生活でのさまざまな経験を通して、友だちを思いやり大切にする、心やさしい子どもたちに成長しました。すばらしい子どもたちに出会うことができ、感謝の気持ちでいっぱいです。巣立ちのときを迎えた子どもたち一人ひとりの表情は頼もしく見えます。これから先も、それぞれの力を発揮してさらに成長してくれることでしょう。とても楽しみです。保護者のみなさまには、いつもあたたかいご協力をいただきましたこと、心よりお礼申し上げます。ありがとうございました。

3月 終業式

3・4歳児の保護者向け

新学期を楽しみにしています

先日、子どもたちと一緒に、新しいクラスの探検をしてきました。あこがれのお部屋に子どもたちも大喜び！ 瞳を輝かせながら部屋中を見渡す姿が印象的でした。進級を心待ちにしている子どもたちですが、ときには、進級への不安や緊張が高まってしまうこともあるかと思います。ご家庭でも子どもたちの繊細な心の動きを受け止め、進級を楽しみにできるような雰囲気づくりを心がけていただけたらと思っております。新学期にお子さんの元気な笑顔に会えることを楽しみにしています。

一年間サポートしていただき、ありがとうございます

この一年間、保護者のみなさまには、さまざまな面であたたかくサポートしていただきました。ご家族のみなさまとともに、子どもたちの成長を見守ることができ、とても貴重な経験をさせていただきました。このクラスで出会った子どもたちとの毎日は、私にとって忘れられない大切な思い出です。子どもたちの笑顔と、ご家族のみなさまのあたたかいご協力に感謝申し上げます。本当にありがとうございました。

さくいん

あ

アイスクリームの日（5月9日）	4
愛鳥週間（5月10日～16日）	32
赤い羽根共同募金運動（10月1日～3月31日）	76
あかりの日（10月21日）	7
秋の全国火災予防運動（11月9日～15日）	97
イースター（3月下旬～4月下旬ごろ）	138
犬の日（11月1日）	7
いも掘り	86
宇宙の日（9月12日）	6
海の日（7月第3月曜日）	55
うるう年（2月29日）	9
運動会	80・152
映画の日（12月1日）	8
エイプリルフール（4月1日）	16
遠足	38
えんぴつ記念日（5月2日）	4
大みそか（12月31日）	110
おけいこの日、楽器の日（6月6日）	5
お正月（1月1日）	112
音の日（12月6日）	8
お泊まり会	58・150
お盆（8月13日～16日ごろ）	62
おもちつき	104
おもちゃの日（5月5日）	4
おりがみの日（11月11日）	7
お別れ会	136

か

鏡開き（1月11日）	118
傘の日（6月11日）	5
カレンダーの日（12月3日）	8
漢字の日（12月12日）	8
救急の日（9月9日）	6
勤労感謝の日（11月23日）	98
クイズの日、とんちの日（1月9日）	8
クリスマス（12月25日）	106
敬老の日（9月第3月曜日）	70・151
夏至（6月21日ごろ）	48
健康診断	34
健康ハートの日（8月10日）	6
建国記念の日（2月11日）	124
原爆の日（8月6日・9日）	60
憲法記念日（5月3日）	26
国際子どもの本の日（4月2日）	4
こどもの日（5月5日）	28
ごみゼロの日（5月30日）	4
衣替え（6月1日）	40
衣替え（10月1日）	78

さ

作品展	92・153
さくらの日（3月27日）	9
サンキューの日（3月9日）	9
サンドイッチの日（3月13日）	9
ジェットコースターの日（7月9日）	5
始業式	14・143
七五三（11月15日）	94
終業式	140・157
十五夜（9月下旬～10月上旬ごろ）	72
終戦記念日（8月15日）	64
秋分の日（9月23日ごろ）	74
春分の日（3月21日ごろ）	135
昭和の日（4月29日）	19
人権週間（12月4日～10日）	100
スイカの日（7月27日）	5
すしの日（11月1日）	7
スポーツの日（10月第2月曜日）	79
生活発表会	126・154
成人の日（1月第2月曜日）	120
世界宇宙飛行の日（4月12日）	4

世界子どもの日（11月20日）	7	花祭り（4月8日）	18
節分（2月3日ごろ）	122	母の日（5月第2日曜日）	36・147
全国交通安全運動（4月6日～15日）	17	バレンタインデー（2月14日）	125
卒園式	139・156	ハロウィン（10月31日）	85
空の日（9月20日）	6	ビスケットの日（2月28日）	9
		ひな祭り（3月3日）	132

た

		避難訓練	20・144
大寒（1月20日ごろ）	8	110番の日（1月10日）	8
たすけあいの日（10月15日）	7	プール開き	49
七夕（7月7日）	52	文化の日（11月3日）	90
誕生会	22・145	ヘリコプターの日（4月15日）	4
父の日（6月第3日曜日）	46・148	防災の日（9月1日）	66
鉄道の日（10月14日）	7	保護者会・学年末	155
テレビ放送記念日（2月1日）	9	保護者会・新学期	146
天皇誕生日（2月23日）	128	保護者参観日	50・149
冬至（12月22日ごろ）	103	ホワイトデー（3月14日）	9
動物愛護週間（9月20日～26日）	68		

ま

童謡の日（7月1日）	5		
時の記念日（6月10日）	44	漫画の日（2月9日）	9
読書週間（10月27日～11月9日）	84	水の日（8月1日）	6
ドレミの日（6月24日）	5	みどりの日（5月4日）	27
		耳の日（3月3日）	130
		虫の日（6月4日）	5

な

		目の愛護デー（10月10日）	82
納豆の日（7月10日）	5		

や

夏祭り	59		
七草（1月7日）	116	野菜の日（8月31日）	6
入園式	12・142	山の日（8月11日）	61
猫の日（2月22日）	9	幽霊の日（7月26日）	5
ノーベル賞授賞式（12月10日）	102	幼稚園記念日（11月16日）	7
		ヨーヨーの日（4月4日）	4

は

ら

バスの日（9月20日）	6		
発明の日（4月18日）	4	ランドセルの日（3月21日）	9
初夢（1月2日）	8	リサイクルの日（10月20日）	83
歯と口の健康週間（6月4日～10日）	42	立冬（11月8日ごろ）	91
鼻の日、花の日、バナナの日（8月7日）	6		

最新版
年齢別
行事ことばかけ
ハンドブック

発行日／2019年12月25日　初版第1刷発行
　　　　2024年9月20日　　第4刷発行
発行者／駒田浩一
発　行／株式会社世界文化ワンダーグループ
発行・発売／株式会社世界文化社
　　　　〒102-8192
　　　　東京都千代田区九段北4-2-29
　　　　編集部（内容についてのお問い合わせ）
　　　　03-3262-5474
　　　　販売部（在庫についてのお問い合わせ）
　　　　03-3262-5115
印刷・製本／TOPPANクロレ株式会社

© Sekaibunka Holdings,2019.Printed in Japan
ISBN978-4-418-19731-6
落丁・乱丁のある場合はお取り替えいたします。
定価はカバーに表示してあります。
無断転載・複写（コピー、スキャン、デジタル化等）
を禁じます。本書を代行業者等の第三者に依頼して
複製する行為は、たとえ個人や家庭内での利用であ
っても認められていません。

監修／兵頭惠子

元冨士見幼稚園（神奈川県）主任
公益財団法人幼少年教育研究所　顧問

横浜出身。冨士見幼稚園勤務を経て、現在は幼少
年教育研究所顧問。スリランカへ保育ボランティ
アとして参加するなど、大胆かつ個性的な保育で
子どもたち、保育者たちの人気者。雑誌、書籍、
講演などでも幅広く活躍中。

執筆協力／木暮真紀（冨士見幼稚園教諭・神奈川県）
　　　　　長瀬恭子（認定こども園中野幼稚園 中野どんぐり
　　　　　　　　　　保育園教諭・神奈川県）

執　筆／金田英恵
　　　　菊地君江
　　　　小菅恭子
　　　　高橋詠美子
　　　　中島祐子
　　　　菅野友紀子

カバーイラスト／千金美穂
デザイン／有限会社来夢来人
本文イラスト／近藤理恵
　　　　　　　伊東美貴
　　　　　　　毛利フジオ
校　正／株式会社円水社
DTP製作／株式会社明昌堂
編集協力／小栗亜希子
編　集／石川由紀子
　　　　飯田　俊

（参考資料）
『日本年中行事辞典』角川書店
『決定版 年中行事入門』PHP研究所
『子どもに伝えたい年中行事・記念日』萌文書林
『三省堂年中行事事典』三省堂
『家族で楽しむ 日本の行事としきたり』ポプラ社
『保育に生かせる！年中行事・園行事 ことばかけの本』Gakken
（社）読書推進運動協議会 H.P.
（社）中央共同募金会 H.P.
法務省 H.P.

本書は2008年12月に発行された『年齢別 行事ことばかけハンドブック』
（小社刊）を修正、加筆し、再編集しました。